Nils Ole Oermann

Der weiße Ovambo

Nils Ole Oermann

Der weiße Ovambo

Ein deutsch-afrikanisches Jahrhundertleben

HERDER

FREIBURG · BASEL · WIEN

MIX
Papier aus verantwortungsvollen Quellen
FSC® C106847
www.fsc.org

www.herder.de

Satz: Barbara Herrmann, Freiburg
Herstellung: fgb · freiburger graphische betriebe
www.fgb.de

Printed in Germany

ISBN 978-3-451-30920-5

Für Peter Pauly,
den Wüstenprediger und weißen Ovambo,
zum 96. Geburtstag

Die folgenden Ereignisse sind nicht frei erfunden. Ähnlichkeiten zu lebenden oder bereits verstorbenen Dritten sind manchmal zufällig, aber meistens beabsichtigt. Das Buch basiert auf Tagebüchern Peter Paulys, auf jahrelangen Gesprächen, Interviews, persönlichen Aufzeichnungen und Archivmaterial aus Berlin und Windhoek, Namibia.

Inhalt

Prolog

Eine Freundschaft fürs Leben

Wer Fragen stellt, muss damit rechnen, Antworten zu bekommen.

Aus Kamerun

Es war im Februar 1997 während der Regenzeit in Namibia. Im Café des Supermarkts mit dem wenig afrikanischen Namen »Woermann & Brock« war es drückend heiß. Ich war noch nicht lange in Windhoek, und nun saß ich einem alten Herrn in einer olivgrünen Steppweste gegenüber, wie sie Militärs tragen. Unter seinem dunkelblauen Barett mit einem Anstecker in Form eines silbernen Kreuzes quollen dichte weiße Haare hervor. Er nahm gerade sein »typisch namibisches« Frühstück ein, und ich wollte meinen Augen nicht trauen: Das Brötchen – auf der Speisekarte als »Brotchen« angekündigt – sah genau so aus wie eine typische Berliner Schrippe mit Hackepeter, Zwiebeln und Spreewaldgurke. Dazu gab es eine Tasse Kaffee der Marke »Jacobs Krönung« und die neueste Ausgabe der »Allgemeinen Zeitung«, der ältesten Zeitung Namibias.

Der alte Herr zog sein Campingmesser aus der Tasche, klappte die kleinere der beiden Klingen auf und schnitt damit sein Brötchen auf. Dann maß er die Länge der Klinge zwischen seinem Daumen und Zeigefinger auf circa fünf

Zentimeter und grinste: »Auf den Farmen sagen wir immer: Bis dahin is Spaß!« Offensichtlich hatte er in seinem langen Leben auch einige Erfahrungen mit weit längeren Buschmesserklingen gemacht. Er lehnte sich in seinem Plastikstuhl zurück und nahm einen großen Schluck Kaffee: »Was genau führt dich nach Windhoek?«

»Ihr Archiv, oben in der Missionskirche, und das namibische Staatsarchiv«, gab ich zur Antwort und wollte zu einer längeren Erklärung ansetzen, doch mein Gegenüber unterbrach mich.

»Ich heiße Peter«, sagte er, »man kennt mich hier als den ›schwarzen Peter‹, aber du kannst ruhig Peter zu mir sagen. Und wie heißt du?«

»Nils Ole«, sagte ich und ergriff seine feingliedrige und dennoch zähe, sonnengegerbte Hand mit dem festen Druck, die er mir über den Tisch hinweg reichte.

»Ausgezeichnet«, gab Peter zurück. »Aber eh du mir erzählst, was du mit meinem Kirchenarchiv vorhast, bestellen wir erst einmal einen ordentlichen Kaffee für dich. Und ein anständiges Brötchen.« Und schon winkte er die Bedienung herbei.

Während Peter mit ihr die Bestellung klarmachte, hatte ich Gelegenheit, mich in diesem seltsam kolonialen *Koffieshop* ein wenig umzusehen. Die ganze Atmosphäre erinnerte mich an ein deutsches Café der 1970er-Jahre: die getönten Lampen, Marke »Palast der Republik«, die weißen Plastikstühle. Auch die braunen Fliesen im WC, wie ich zuvor beim Händewaschen feststellen konnte. An den Wänden entdeckte ich zahlreiche Schwarz-Weiß-Fotos der Windhoeker Kaiserstraße und des »Thüringer Hofs«, damals eines der ersten Häuser am Platz.

›Man könnte glauben‹, dachte ich und mir wurde ein

bisschen schwindelig dabei, ›wir säßen irgendwo in der deutschen Provinz, und nicht mitten in Afrika.‹

Ich war aus Oxford für ein halbes Jahr nach Namibia gekommen, weil ich hoffte, hier Material für eine Doktorarbeit im Bereich Kolonialgeschichte zu finden. Und kaum gelandet, hatte ich von diesem bunten Hund, dem deutschen Pastor mit blauem Barett, erfahren, den ein unglaubliches Schicksal nach Namibia verschlagen hatte: Peter Pauly, genannt »der schwarze Peter«, geboren 1917 in Breslau. Sein Vater war ein preußischer Artillerieoffizier mit jüdischen Vorfahren, seine Mutter Melanie Schöneberg ein uneheliches Kind des Grafen Tassilo Saurma-Jeltsch und seiner Hausangestellten. Inzwischen war Peter als pensionierter Pastor Leiter des namibischen Kirchenarchivs und damit Herr über viele Regalmeter von Briefen, Gouvernementsakten und Missionarstagebüchern. Und genau diese Archive wollte ich mir gerne ansehen.

»Kein Problem«, strahlte der »schwarze Peter«. »Sobald du dein Brotchen aufgegessen hast, zeig ich sie dir.«

Wenige Stunden später war mir klar, dass Peters Archive eine wahre Fundgrube noch ungehobener Schätze darstellten.

»Das heißt, du musst noch öfters kommen«, stellte Peter am diesem Abend fest, als ich erschöpft und glücklich das Archiv verließ und er hinter mir abschloss. »Wenn du willst«, schlug er vor, »kannst du so lange hier bei mir einziehen, bis du fertig bist.«

Das erstaunliche Angebot nahm ich gerne an. Und so begann meine Freundschaft mit diesem alten Mann, der mein Großvater hätte sein können, in dessen Gegenwart aber Alter und Zeit keine Rolle zu spielen scheinen. Damals überraschte mich Peter jeden Tag aufs Neue, und das tut er bis heute. Wer stellt einem schon nach dem ersten Tag die eigene Wohnung zur Verfügung, obwohl er selbst nur wenig Platz und eine ganz kleine Rente zur Verfügung hat und auf die Frage, wie es ihm gehe, stets antwortet: »Danke! Unverdient gut!« Wer opfert schon freiwillig seine Zeit und hilft einem jungen Doktoranden, sich in den umfangreichen Archiven zurechtzufinden, und steht ihm mit Rat und Tat zur Seite? Und wer erzählt zunächst Fremden so bereitwillig aus seinem Leben?

Doch damit nicht genug. Peter verhalf mir zu Erfahrungen, die mein Verständnis vom Leben der Missionare in Afrika im vergangenen Jahrhundert ungemein bereicherten: Als die Bewohner des alten Missionshauses verreisten, arrangierte er, dass wir beide einige Zeit darin wohnen durften.

Voller Staunen wurde ich in diesem wahrlich öffentlichen Haus auch Zeuge von Peters gelebter Nächstenliebe und seinem unstillbaren Interesse an Menschen jeglicher Art: So blieben mir besonders jene Abende unvergessen, als er vorm Missionshaus jene Prostituierten auf ein Glas Tee ins Warme einzuladen pflegte, die sich dort am Windhoeker Ausspannplatz von ihrer Arbeit ausruhten – und zwar nicht etwa, um sie zu missionieren, sondern um sich mit ihnen von Mensch zu Mensch auszutauschen. Peter ist von Natur ein neugieriger Mensch, neugierig auf andere Menschen und deren Geschichten.

In jenen ersten Wochen meines Studienaufenthalts in Windhoek legten wir, ohne es zu ahnen, den Grundstein für eine jahrzehntelange Freundschaft. Über die Jahre sahen wir uns immer wieder, und Stück für Stück erfuhr ich von Peters bewegtem Leben. Er zeigte mir »sein« Afrika, von dem man nichts ahnt, sieht man ihn allmorgendlich zum Frühstück bei »Woermann & Brock« oder »Wecke & Voigts«. Schließlich fuhr er mit mir sogar durch das entlegene Ovamboland, wo er jahrelang gelebt hatte, lange Zeit unter primitivsten Verhältnissen bei seinen steinalten afrikanischen Schwiegereltern ohne fließend Wasser oder gar Strom. Und manchmal, wenn wir dort in seinem Familien-Kraal mit dem biblischen Namen »Elim« beieinandersaßen und über Goethe oder das Brandenburger Lied »Steige hoch, du roter Adler« sinnierten, musste ich mich selbst in den Arm kneifen, so unwirklich waren diese Situationen.

Von Peter lernte ich viel, zum Beispiel den Unterschied zwischen klug und weise. Weisheit ist Klugheit gepaart mit einem reichen Schatz an tiefer Lebenserfahrung und der Fähigkeit, sie auch zu nutzen und im praktischen Leben zur Anwendung zu bringen.

»Du solltest ein Buch schreiben«, sagte ich eines Abends zu ihm.

»Was? Ich?«, lachte er auf seine unnachahmlich laute, heitere Art, die wie das Bellen eines großen gutmütigen Hundes klingt. »Das Bücherschreiben ist doch dein Metier, Nils Ole. Ich hab anderes zu tun.«

Auch ich hatte vieles andere zu tun. Und doch reifte bereits vor fünfzehn Jahren der Plan in mir, eines Tages die unglaubliche Lebensgeschichte dieses Mannes festzuhalten. Schließlich setzt sich Historie doch aus vielen gelebten Geschichten zusammen und wird über diese Lebensgeschichten erst wirklich verständlich.

»Es wäre doch schade«, sagte ich zu ihm, »wenn das alles verloren ginge. Ich meine, das was du erlebt hast, ist doch einzigartig!«

»Was ist schon einzigartig?«, fragte er nachdenklich zurück. »Jeder Mensch ist einzigartig, oder nicht?«

Doch ich ließ nicht locker. Schließlich überreichte er mir sein Tagebuch – auch dies ein wahrer Schatz für den Historiker in mir und eine wichtige Quelle für dieses sehr persönliche Buch. Für alles andere, was diese Tagebücher nicht enthielten, trafen wir uns zu Gesprächen. Und so kam es, dass wir uns wieder und wieder gegenübersaßen, und zwar an demselben Ort, wo wir uns damals begegnet waren: im Café bei »Woermann & Brock«.

»Was willst du wissen?«, fragte mich Peter.

»Erzähl mir von deiner Kindheit. Von damals, als alles begann!«

Gerade, als er ansetzen wollte, erfüllte dröhnender Motorradlärm die Luft. Draußen fuhr die silberfarbene Motorradstaffel mit dem Wagen des namibischen Präsidenten vorbei. Seine Eskorte zog gleich viermal stolze Kreise um denselben großen Parkplatz.

»Und dafür«, sagte der Wirt, »haben sie mal wieder den gesamten Luftraum über Windhoek gesperrt!«

Peter lachte bellend und sagte zu mir: »Hier kannst du gerade was über Afrika lernen und gleichzeitig über euch Deutsche. Mit der Zahl der Motorräder ist das hier nämlich wie früher mit der Zahl der Rinder: Je mehr du hast, umso höher ist dein Ansehen! Und ihr Deutsche spielt mit in diesem Spiel und liefert die BMWs mit dem schönen Boxermotor. Nur sollten eure Politiker das Ganze nicht als Entwicklungshilfe ausweisen, sondern als versteckte Subvention der Bayerischen Motorenwerke. Dennoch: feine Motorräder, nur leider mit geringem Gebrauchswert in diesem Teil der Welt.«

Wir lachten und beobachteten, wie die Flotte des Präsidenten wieder von dannen zog. »Eigentlich kann man die Peter'sche Lebensgeschichte auch ganz kurz erzählen«, meinte er, und seine Augen blitzten. »In Breslau in der Fürstenstraße geboren, in Berlin aufgewachsen, als ›Halbjude‹ am Tag des mündlichen Abiturs von der Nazi-Eliteschule in

Potsdam geflogen, in Ostafrika auf einer Kaffeeplantage gearbeitet, in Ost- und Südafrika von den Briten jahrelang als Deutscher interniert, in Südwestafrika als Farmverwalter angestellt und mit fast sechzig Jahren als lutherischer Pfarrer ordiniert, dann – zu Zeiten der Apartheid! – als Weißer eine Afrikanerin im Ovamboland geheiratet und schließlich seit 1995 Leiter des Windhoeker Kirchenarchivs. Fertig!«

Peter lachte und bestellte ein »Brotchen« mit Hackepeter – das würde besonders gut zu seinem Vornamen passen. Ich dagegen fand, dass hier am Wendekreis des Steinbocks mitten in der kurzen namibischen Regenzeit nichts besser zu diesem kunterbunten Leben passte als Kudufleisch und afrikanischer Maisbrei. Den aß er wie damals in Schlesien die Hafersuppe: mit viel Zucker und Zimt.

»Gut«, schmunzelte Peter, »mit dieser Kurzfassung wirst du dich nicht zufriedengeben, wie ich deinen westfälischen Dickschädel kenne. Jetzt bestelle ich noch ein Swakopmunder Hansa Bier mit zwei Schnaps, unser ›Herrengedeck‹, und dann wollen wir mal gemeinsam sehen, wie wir in dieses verrückte Leben eine Linie hineinbekommen. In wenigen Monaten werde ich 96 Jahre alt, das ist sozusagen meine *deadline*!«

Wieder ließ Peter sein bellendes Lachen hören.

»*Deadline*, sehr gut!«, freute er sich über sein eigenes Bonmot, »was für ein passender Ausdruck!« Und mit einem Lächeln auf den Lippen fing er an zu erzählen:

1. Kapitel
»Geh nich so nah ran!«

Der Deutsche opfert lieber die Freiheit als die Ordnung.
Otto von Bismarck

»... und geh nich so nah ran!«

Wenn ich an meine Kindheit denke, dann fällt mir als Erstes dieser Satz ein. Tante Marlene sagte das jedes Mal zu mir, wenn ich im Begriff war, das Haus zu verlassen. Und nicht nur dann, nein, sondern immer, wenn sie befürchtete, dass ich meine kleine Nase etwas zu weit über die von Anstand und Ordnung gesetzte Linie hinwegstrecken würde. Für Außenstehende mag das seltsam klingen, und doch hatte dieser Satz seinen tieferen Sinn und eine Vorgeschichte: Tante Marlene war die Witwe eines Tierzuchtdirektors. Ich war gerade elf Jahre alt, da fiel mir bei meinem ersten Zoobesuch mit ihr nichts Besseres ein, als einem Kongo-Pavian meine Hand zwischen die Schneidezähne zu legen. Der anschließende Besuch in der Charité wurde in unserer Familie Legende, denn mein Operateur war auf besonderen Wunsch der Familie niemand anderes als Ferdinand Sauerbruch höchstpersönlich, ein Freund meines Vaters. Vater stammte aus einem alten schlesischen Medizinergeschlecht und kannte Ferdinand Sauerbruch noch aus Breslau, wo ich das Licht der Welt erblickte. Wilhelm Adolf Pauly besuchte Ferdinand Sauerbruch und den Maler Max Liebermann später in Berlin an den Wochenenden ab und an zum Trollinger am Großen Wannsee.

Sauerbruch, der Operateur, beeindruckte mich in seinem blütenweißen, mit goldenen Knöpfen besetzten Arztkittel mit dunklem Füller im Revers außerordentlich. Er besah durch seine kleine Operateursbrille meine Affenbisswunde und murmelte: »Zeit für einen sportlich-ritterlichen Schnitt.« Mit Sport und Rittern hatte ich es seitdem. Fragt man mich heute nach meinem Lieblingssport, so antworte ich zielsicher: »Na Rittersport!«, und lasse mir von Besuchern aus Deutschland gern die rote Schokoladentafeln mit Marzipanfüllung schenken. Doch Spaß beiseite. Sauerbruch mahnte bei der assistierenden Schwester mehr Eile an, da er wie jeden Tag um Punkt 13 Uhr sein Mittagessen im Hotel Adlon am Pariser Platz einzunehmen gedachte. Die siebenhundert Meter von der Charité zu Berlins feinstem Hotel legte er selbstverständlich im Maybach mit Chauffeur zurück, wie mein Vater süffisant zu bemerken pflegte: »Ob im Hotel oder Operationssaal – halt der ganz einfache Geschmack Sauerbruchs: Immer nur das Beste!«

Als ich die lange Nadel sah, mit der die Schwester anrückte, schrie ich laut auf. Dann wurde mir schwarz vor Augen. Und als ich aufwachte, fand ich mich mutterseelenallein in einem Krankenzimmer wieder. Ich hatte ein Einzelzimmer in dieser weltberühmten Klinik an der Berliner Luisenstraße. Mein Arm befand sich in einem überdimensionierten Verband.

Tja, dies war also meine erste Begegnung mit der afrikanischen Tierwelt, und die kam sowohl mich – gestatten: Peter Josef Pauly, geboren in Breslau, Fürstenstraße, gegenüber der kleinen Franziskanerkirche am 20. September 1917 – als auch meinen Vater Wilhelm Adolf teuer zu stehen. Ich bezahlte mit Schmerzen und mein Vater mit harter Reichsmark und einer Extrakiste Trollinger für Sauerbruch.

Man kann also verstehen, dass die Mahnung »Geh nich so nah ran!« mehr war als eine schrullige Petitesse einer alten Tante, von der ich gleich sieben hatte. In einem einzigen Satz gab sie damit einem prinzipiellen Bauchgefühl Ausdruck: Man ist gut beraten, die Dinge stets im Auge zu behalten, sich selbst dabei aber außerhalb des Gefahrenbereichs zu bewegen. Noch besser ist es, sich dann rauszuhalten, wenn es unübersichtlich wird. Dumm nur, dass ich schon als Kind nichts spannender fand, als mich mitten ins Geschehen zu stürzen, und der Zoobesuch mit Pavianbiss war nicht der erste Vorfall dieser Art. Nein, ganz und gar nicht. Schon die allererste Backpfeife meines Lebens zeugt von diesem meinem Charakterzug, mich mitten hineinzubegeben ins schönste Getümmel.

Es war an einem herrlichen Frühsommertag des Jahres 1924. Mein jüngerer Bruder Klaus und ich spielten auf der Terrasse der väterlichen Villa in Berlin-Steglitz. Unsere ältere Schwester Rosemarie war zum Ballett entwichen und vernünftig genug, sich an dem täglichen Unsinn ihrer Brüder nur selten zu beteiligen. Auf der großen Terrasse trocknete die Wäsche bunt auf den Leinen. An jenem Tag waren sogar die Gänsefederkissen gewaschen worden und flatterten rot leuchtend im Wind. Plötzlich hörten wir Marschmusik. Auf der Straße zog ein Demonstrationszug mit herrlich roten Fahnen vor der väterlichen Villa entlang mit Plakaten, auf denen zu lesen war »Friede den Hütten, Krieg den Palästen« oder »Kampf dem Faschismus«. Aber das konnten wir natürlich noch nicht lesen. Wie ich diese prächtigen Burschen mit ihren purpurnen Fahnen vorüberziehen sah, kam mir eine wundervolle Idee. Rasch nahm ich Kopfkissenbezüge der Eltern von der Leine und steckte sie auf eine Bohnenstange, um so zur Straßenseite hin rot zu flaggen. Meinem jüngeren Bruder Klaus drückte ich eine ebenfalls rote Pyjamahose in die Hand, mit der dieser den Vorbeiziehenden fröhlich zuwinkte. Zu meiner großen Begeisterung wurden die Spartakisten augenblicklich aufmerksam und winkten uns johlend zu. Leider war dieser Heidenspaß schnell zu Ende, als ich abrupt und sehr schmerzhaft die Hand des Vaters auf meiner Backe verspürte. Dies war die »Geh nich zu nah ran!«-Lektion Nummer eins.

Nur zu rasch folgte die zweite Backpfeife: Auf dem Heimweg von der Steglitzer Knabenschule zu unserer Villa sah ich eines Tages zu meiner großen Freude kleine bunte Wagen, gezogen von Ponys. Vorn tanzte ein Mädchen und schwang ihr Tamburin, während mir eine Großmutter aus einem der Wagen hinten fröhlich zuwinkte. Natürlich wollte ich nichts lieber als in eines dieser Häuser auf Rädern einsteigen. Gerade als ich losrennen wollte, ergriff mich jemand hart am Arm und riss mich jählings zurück. Als ich erschrocken aufblickte, sah ich in das Gesicht eines Uniformierten mit gezwirbelten Kaiser-Wilhelm-Bart: »Du darfst doch nicht zu den Zigeunern gehen, zu den Kinderräubern!«, schrie er und so wurde ich direkt nach Hause eskortiert, wo Backpfeife Nummer zwei schon auf mich wartete. Und an Backpfeife Nummer drei war besagter Kongo-Pavian aus dem Zoo schuld: »Geh nich zu nah ran!«

Schließlich kam, was kommen musste: meine Strafversetzung von Berlin zurück nach Schlesien. Dabei begann alles so friedlich und freudvoll: An einem wunderschönen Sonntag nahm Tante Gertrude mich und meinen Bruder mit auf den Jahrmarkt. Jeder von uns bekam ein Zehnpfennigstück – welch eine Seligkeit! Mein Bruder Klaus kaufte sich

Himbeerbonbons zu einem Pfennig das Stück. Am Stand daneben gab es Figuren aus Glas, und die hatten mir es angetan. Wenn ich doch nur eine solche Glasfigur haben könnte ... – doch meine zehn Pfennige reichten bei Weitem nicht aus für eine solche Kostbarkeit. Mit allen Mitteln versuchte ich, das Herz der Tante zu erweichen, um einen Zuschuss zu erwirken, doch da biss ich auf Granit. Während meine diplomatischen Verhandlungen also nicht zum Erfolg führten, schaffte – wer hätte das dem kleinen dreijährigen Kerl zugetraut – mein Bruder Klaus Tatsachen: Ohne viel Aufhebens ließ er während unseres Aufbruchs einen Dackelhund aus Glas unbemerkt in seiner Tasche verschwinden. Als Klaus zu Hause davon strahlend berichtete und das *corpus delicti* mit dem Wort »mitdenommen« stolz auf den Kaffeetisch stellte, hieß es bei den Tanten fortan nur: »Kläuschen nimmt.« Damals sagte man noch nicht »klaut«. Wohlgemerkt, für diesen Diebstahl gab es keineswegs eine Backpfeife. Wieder war ich es, der auf dem Rummelplatz eine Missetat beging, die in der Waagschale der Familie ungleich schwerer wog als Kläuschens Kleptomanie – und wieder hatte ich den Rat »Geh nich zu nah ran!« dabei weit in den Wind geschlagen. Was war geschehen?

Auf jener Kirmes hatte ich einen Stand mit Preisboxern entdeckt, und der zog mich unwiderstehlich an. Mit traumwandlerischer Sicherheit entfernte ich mich von Tante und Bruder und blieb schließlich neben dem Zelteingang stehen. Auf einem bunten Plakat stand: »Fordern Sie E. A. Staatenlos heraus, den Mann ohne Nerven!« Ich lugte durch die Zeltplanen und erblickte den größten und stärksten Mann, den ich bis dahin gesehen hatte: Glatze, blau gestreifter Einteiler, Schnurrbart, der Bizeps eines Berufsboxers und die maß- und staatenlose Behauptung, kein Zwicken, Kneifen oder Kratzen könne ihm etwas anhaben, denn er sei nicht nur ohne Staatsangehörigkeit, sondern auch gänzlich ohne Nerven. Ich war begeistert und beschloss, mit meinen acht Jahren zumindest die Nervenstärke dieses Kolosses zu testen und dafür meine zehn Pfennige zu investieren. Das Plakat »Eintritt nicht unter sechzehn Jahren« beschloss ich, geflissentlich zu übersehen, und auch der Kassierer drückte offenbar drei Augen zu. Just in dem Moment, als ich meine Barschaft über die Theke gereicht hatte, um E. A. Staatenlos möglichst schmerzvoll in den Unterarm zu zwicken, betrat die Rummelplatzaufsicht das Zelt und nahm mich als Minderjährigen in vorläufigen Gewahrsam. Das traurige Ende vom Lied: Auslieferung an die Tante, weitere Überstellung an den Vater, einen Tag Untersuchungshaft in meinem Kinderzimmer und die vierte Backpfeife. »Geh nich zu nah ran!« hatte für mich auch dieses Mal nicht gegolten.

Der Familienrat beschloss, dass es so mit mir nicht weitergehen könne. Verbannung lautete das Urteil des hohen Gerichts: Ich sollte für eine Weile aus Berlin weg und zurück nach Schlesien, bis ich vernünftig genug wäre für die Kadettenanstalten in Berlin-Lichterfelde oder Potsdam. Und ehe ich mich versah, fand ich mich zusammen mit Bruder Klaus in der Dampfeisenbahn der Linie Berlin–Breslau auf dem Weg zu den Orten meiner frühesten Kindheit.

Was soll ich sagen? Damals war ich noch zu klein, um mich gegen die Tyrannei Mächtiger aufzulehnen. Zudem gefiel es mir in Schlesien ausnehmend gut. Die Eltern blieben in Berlin, denn mein Vater, der zwar Medizin studiert hatte, um dann als Batterieführer im 88. Feldartillerieregiment in Russland zu kämpfen, verdiente seit Langem sein Geld damit, als Beamter die preußischen Truppenübungsplätze zu verwalten. Und dafür war seine Anwesenheit in der Hauptstadt Pflicht.

Unsere Verbannung hinter die Oder nach Hirschberg, heute Jelenia Góra, hatte für mich viel Gutes. Denn dort, in Niederschlesien, waren Klaus und ich auf einmal ganz normale Kinder, ohne ständige Ermahnungen wie »Geh nicht zu nah ran!«, ohne jeden Sicherheitsabstand und im täglichen Nahkampf mit den Straßenkindern aus der Breslauer Straße, die so schillernde Namen wie »Spliffy« oder »Milchreis« trugen. Tante Ellchen, deren Obhut wir damals anvertraut waren, besaß eine Ziegelei, und in ihrem Haus in Agnetendorf war niemand Geringeres unser Nachbar als der berühmte Dramatiker Gerhart Hauptmann. Ich erinnere mich noch gut an ihn als einen alten, schrulligen Mann, der einmal daherspaziert kam, als wir gerade Ball spielten.

»Na, Kinderchen«, fragte er, »was spielt ihr denn da?«

Ich konnte es kaum glauben, dass einer so dämlich fragen konnte, und antwortete:

»Na Ball, du Zausel!«

Mir gefiel es auf dem Land, und das Leben mit den Tieren und der Landwirtschaft begeisterte mich gerade zu. Und das mir, der ich bei meiner Ankunft keine Ahnung hatte, was der Unterschied zwischen Wintergerste und Ackersenf war, und der ich einen »Überläufer« für einen Spion und einen »Spießer« für den langweiligen Patenonkel Gustav hielt statt für jagdbare Tiere! Aus mir, dem Großstadtjungen, wurde auf dem Land in kürzester Zeit nicht nur der Preisboxer der Breslauer Straße, sondern auch ein allseits geschätzter Erntehelfer und Tierkenner – zum Erstaunen meiner ganzen Verwandtschaft. So konnte ich hier in der freien Natur Erfahrungen sammeln, die mich ein Leben lang nicht loslassen sollten. Ich lernte, dass man Dachsschinken tatsächlich essen kann, dass Tannenzapfen auf dem Waldboden meistens Kiefernzapfen sind, da Kiefernzapfen am Baum hängen, während Tannenzapfen auf den Zweigen nach oben wachsen wie Kerzen. Ich lernte, wie man Korn drischt und einsät. Ich war nicht länger ein Stubenhocker, ein Schreibtischtäter, sondern einer, der am liebsten die Natur und andere Menschen erkundete, der wissen wollte, was in Mensch und Tier vorging. Ein Sommertag ohne das Schwimmen im Hirschberger See oder Schnitzeljagd mit Kläuschen oder »Milchreis« war ein verlorener Tag.

In der dritten Klasse bekam ich außerdem zwei Wochen Extraferien, und das kam so: Der Musiklehrer hatte ein Orchesterkonzert von Brahms aufs Grammofon gelegt, um uns ein Gefühl für klassische Musik zu vermitteln. Und an passender Stelle rief er hellauf begeistert aus: »Hört ihr die Cellos?«, was ich in großstädtischer Überlegenheit mit der Bemerkung »Das heißt Celli, du Idiot!« quittierte. Ich musste erst noch lernen, dass das Lernen nur in eine Richtung erlaubt war. Statt sich für die Erweiterung seines Wissens zu bedanken, schrie der Musiklehrer:

»Pauly, zwei Wochen vom Unterricht suspendiert.«

Das waren schöne Zeiten!

Im Herbst 1927, nach den großen Sommerferien, erfolgte der Wechsel ans altsprachlich-humanistische Gymnasium von Hirschberg. Das war zwar besser als im eng reglementierten und kopfsteingepflasterten Berlin, aber ein Sextaner ist ein Sextaner, ob nun in Hirschberg, Berlin oder anderswo. »Roma est caput Italiae«, das war mein erster Satz auf Latein. Caput, capitis neutrum: Kopf, Haupt, Oberhaupt, Hauptstadt. Oder Reime wie: »Hic, haec, hoc: Der Lehrer hat nen Stock. Is, ea, id: Was will er denn damit? Sum, fui, esse: Damit haut er dir einen in die Fre...« Oder: »Wanderer, kommst du nach Sparta...«, aber halt, das war Griechisch und kam erst in der Tertia.

Latein fiel mir leichter als das Stillsitzen, an das ich mich erst gewöhnen musste nach meinen wilden Jahren auf dem Gut. Meine absoluten Lieblingsfächer waren Geschichte, Biologie und Erdkunde. Ferdinand Magellan, Alexander von Humboldt und Roald Amundsen – das waren meine Helden. Und auch die deutschen Kolonien hatten es mir angetan: des Kaisers Platz an der Sonne, Neupommern mit seinen Menschenfressern, Samoa mit den exotischen Schönheiten und seinen *noble savages*, den sogenannten »edlen Wilden«, sowie die tapferen *Askaris*, die schwarzen Hilfstruppen in Tansania, damals Deutsch-Ostafrika. Unter der Bank tauschte ich damals mit meinen Schulkameraden Zigarettenbilder aus dem Deutschen Kolonialatlas. Auf diesen Bildern waren mit Palmwedel gedeckte Lehmhütten und grimmig dreinschauende Krieger aus Papua-Neuguinea, damals »Kaiser-Wilhelm-Land«, zu sehen, außerdem kriegerische Hottentotten aus Namibia, damals Deutsch-Südwestafrika.

Schuld an meiner Begeisterung für alles, was aus Afrika kam, war Tante Ferida. Denn auch Tante Ferida kam aus Afrika! Sie war, wenn ich es heute richtig überlege, die Cousine meines Vaters, denn ihr Vater war sein Onkel. Und dieser Onkel war niemand anderes als der berühmte Emin Pascha, der legendäre »Gouverneur von Äquatoria« Eduard Schnitzer. Als Isaak Schnitzer in Oppeln geboren, in Neiße aufgewachsen, wo er katholisch als Eduard getauft wurde, verließ er Deutschland, als man ihm nach seinem Medizinstudium die Zulassung zum Staatsexamen verweigerte. Er ging ins Osmanische Reich und machte dort, im heutigen Albanien, steile Karriere als Leibarzt des Generalgouverneurs Hakki Pascha. Karriere machte er auch bei dessen Frau, und nach dem Tod des Paschas nahm er die gebürtige Ungarin samt Hofstaat mit nach Hause – ins oberschlesische Neiße.

Dass das nicht gut gehen konnte, war klar. Die Oberschlesier staunten nicht schlecht über den kleinen, sonnenverbrannten, stets in türkische Gewänder gehüllten Arzt mit den seltsamen Ansichten. Und unter Mitnahme der Wertsachen der Witwe des Paschas machte sich mein Großonkel Eduard Schnitzer denn auch eines Nachts aus dem Staub – um nie wieder nach Deutschland zurückzukehren. Er fuhr nach Äthiopien, wo er Moslem wurde und unter dem Namen Emin Pascha viele Abenteuer erlebte.

»Mein Vater«, erzählte Tante Ferida, »kämpfte gegen die Sklavenhändler, und die waren es schließlich, die ihn am Ende ermordeten.«

Und so wurde Emin Pascha unser Held und Tante Ferida mit ihrer sagenhaften Abstammung als Tochter von Emin Pascha und der schönen Abessinierin Safaran, die leider im Kindbett verschied, unsere Märchentante.

»Meine Mutter war noch Sklavin«, pflegte Tante Ferida mit einem Funkeln in ihren großen, kohlschwarzen Augen zu sagen – sehr zum Entsetzen meiner Mutter und all der anderen Tanten, die eine solche Peinlichkeit lieber übergehen wollten. Wir aber bettelten, wann immer Ferida zu Besuch kam: »Bitte erzähl uns von Afrika.« Und es gab nichts Schöneres für Kläuschen und mich, als wenn sie uns vom afrikanischen Urwald mit seinen Löwen und Elefanten, von ihrer Kindheit in »Äquatoria«, dem heutigen Sudan, und natürlich von ihrem heldenhaften Vater erzählte, der neben Französisch, Englisch, Türkisch, Arabisch auch mehrere slawische Idiome beherrschte, von unzähligen afrikanischen Stammessprachen ganz zu schweigen.

Lustigerweise hatte gerade Tante Ferida eine Angewohnheit, wegen der wir sie auch ein wenig fürchteten. Immer, wenn sie uns besuchte, stürmte sie in unser Kinderzimmer, um zu kontrollieren, ob wir auch schön ordentlich aufgeräumt hätten. Ihren so lauten wie spontanen Ausruf »Hier sieht es ja aus wie bei den Hottentotten« empfand ich zwar eigentlich als Kompliment, denn konnte etwas schlecht sein, was aus ihrer Heimat kam? Tatsächlich aber war das von Tante Ferida keineswegs lobend gemeint. Denn unsere Tante, die mit dem abessinischen Blut in ihren Adern aussah wie eine Spanierin mit ihrem lockigen, pechschwarzen Haar, den dunklen Augen und ihrer zimtfarbenen Haut. Sie war preußischer geworden als so mancher Einheimische, nachdem man sie nach dem Tod ihres Vaters im Alter von sechs Jahren von Afrika über London nach Berlin verfrachtet hatte, wo sie bei meiner Großtante Melanie, Emin Paschas Schwester, aufgewachsen war.

»Tante Ferida«, bettelten wir immer wieder, »erzähl uns von Emin Pascha.« Und wenn wir Glück hatten, setzte sich die energische Ferida an unsere Bettkante.

»Also das war so: Ihr wisst ja, dass meine Mutter, die schöne Safaran, kurz nach meiner Geburt starb«, begann sie, und wir nickten heftig. »Und als ich sechs Jahre alt war, beschloss mein Vater, der berühmte Emin Pascha, dass ich in Europa aufwachsen sollte, und schickte mich mit einem Kindermädchen los. Denn Emin Pascha wollte wieder auf eine neue Expedition weiter in Richtung Süden aufbrechen, und da konnte ich leider nicht mit. Von dieser Expedition kam er niemals zurück. Ganz Europa dachte, er sei ums Leben gekommen, bis ein Afrikaforscher erfahren hatte, dass er noch am Leben war, mitten im Kongo, und dass ihm der Rückweg abgeschnitten war. Da dachte dieser neunmalkluge Henry Morton Stanley, dieser arrogante Brite, er könne berühmt werden, wenn er meinen Vater rettete. Also machte er sich auf den Weg. Die Reise war aber mühseliger, als er geglaubt hatte, viele seiner Begleiter starben, und schließlich kam er selbst krank und am Ende seiner Kräfte bei Emin Pascha an. Tja, peinlich war nur, dass es meinem Vater prächtig ging und er auch gar nicht gerettet werden wollte. Letztlich rettete Emin Pascha dem Stanley noch das Leben, als er ihn, krank wie er war, nach Deutsch-Ostafrika begleitete. Dort angekommen, gab es eine derartige Feier, dass mein Vater ein Fenster mit einer Terrassentür verwechselte und aus dem ersten Stock hinunterstürzte. Daran könnt ihr also sehen, dass die Feste in den Kolonien gefährlicher sein konnten als die Abenteuer im Hinterland. Aber auch davon erholte sich mein Vater und unternahm noch einige Expeditionen – bis ihm die Sklavenhändler auflauerten und die Kehle durchschnitten.«

Leider starb auch Tante Ferida viel zu früh, da war ich sechs Jahre alt. Der schmerzliche Verlust wurde abgemildert durch den Umstand, dass wir noch sechs weitere Tanten hatten, denn ehe mit Wilhelm Adolf Pauly, meinem Vater, endlich der lang ersehnte Sohn ankam, mussten meine Großeltern »leidlich probieren«, wie es so schön hieß.

Eine andere interessante Tante war Elisabeth. Als eine der ganz wenigen Frauen ihrer Zeit hatte sie die Universität besucht. In Breslau hatte sie Finanzwissenschaft studiert, war Vizedirektorin der Dresdner Bank geworden, mehr als außergewöhnlich für eine Frau zur damaligen Zeit, und sie hatte es sogar zu einem kleinen Vermögen und einer Villa in Grunewald gebracht. Dort servierte sie mir und meinem Bruder jedes Mal, wenn wir sie besuchten, Marmorkuchen. Der war so frisch, dass er nachgab, wenn man ihn mit dem Daumen eindrückte, und dazu gab es eine große Tasse Milchkakao, kein Instant! Wenn wir die Tasse der Königlich-Preußischen Porzellanmanufaktur hochhoben, lag in der Vertiefung der Untertasse jedes Mal ein blinkendes Fünfmarkstück. Wenn man bedenkt, dass mein wöchentliches Taschengeld damals 25 Pfennige betrug und ein Bonbon einen Pfennig kostete, dann waren fünf Mark ein kleines Vermögen. »Nein«, pflegte Tante Elisabeth bescheiden abzuwehren, wenn wir wieder einmal behaupteten, sie sei die erste Frau der Welt, die studiert hatte. »Ich war nicht die erste. Aber vor mir haben es nicht viele Frauen geschafft.«

Nach zwei Jahren am gemütlichen altsprachlichen Gymnasium Hirschberg wurde ich 1929 gemeinsam mit Klaus in die traditionsreiche preußische Kadettenanstalt in Potsdam aufgenommen, eines der besten öffentlichen Internate des Deutschen Reiches.

Von dem Provinzgymnasium, das wunderbar hinter dem Mond lag, direkt nach Potsdam! Hier sollten wir knapp zehnjährigen Jungs Bildung mit militärischem Drill verbinden. Preußens erste Garde sollte beides möglichst früh lernen: denken und gehorchen – oder noch besser in umgekehrter Reihenfolge: gehorchen und denken! In Potsdam begann nun für mich eine strenge vormilitärische Ausbildung mit Latein am Vormittag und Exerzieren nachmittags. Auch so gewichtige Strategen wie von Moltke, der »große Schweiger«, oder Hitlers Generalfeldmarschall Erich von Manstein waren zu ihrer Zeit in solchen Kadettenanstalten gewesen. Für mich war der Wechsel anfangs nicht ganz einfach. Zu sehr hatte ich mich an das freie Leben auf dem Land gewöhnt. Erst mit der Zeit kam ich mit dem militärischen Ton und Drill zurecht, ja, besser noch, als ich selbst und vor allem mein Vater befürchtet hatte. Meine Mitschüler waren Söhne von Zahnärzten, Chirurgen und Anwälten – auch der eine oder andere Diplomatensohn war darunter wie zum Beispiel Gilberto de Lima Cavalcanti, der Sohn eines brasilianischen Militärattachés. Gilberto erzählte oft von der Farm seines Vaters an den Iguazú-Fällen, die zu den größten Wasserfällen der Welt zählen. Wir hatten Segeln als Schulfach, und wenn wir uns mit den Tauen und Leinen abmühten, stellte ich mir gerne vor, wie sein Vater vor zwanzig Jahren an der Reling eines Schiffs gestanden hatte, im weißen Leinenanzug und mit dem berühmten Panamahut auf dem Kopf, das Gesicht den neuen Ufern zugewandt, an denen er sein Glück machen würde. Als Tausch für seine wundervoll exotischen Geschichten half ich Gilberto im Fach Deutsch, in dem er nicht so glänzte wie beim Segeln. Und als ich in der Obertertia war und mein Bruder Klaus in der Quarta, lernten wir mit der Klasse über der Rhön das Segelfliegen. Das Fluggerät, Modell »Grüne Post«, bauten wir als Zweisitzer selbst zusammen. So machte Schule wirklich Spaß. Ansonsten waren wir ganz normale Jungs, trugen Primanermützen, fürchteten uns vor Lateinarbeiten, und unser »Ehrbegriff« verbot es uns, voneinander abzuschreiben. Wir bewunderten Leni Riefenstahl und schwärmten von Marlene Dietrich, und die aufkommenden Nationalsozialisten verachteten wir als Proleten. Kurzum, ich lebte mich bald ein in dieser neuen Welt, zur großen Freude meiner Eltern, denn die Familie hatte Großes mit uns vor, das war mir und meinem Bruder Klaus wohl bewusst. Mindestens Reserveoffizier oder noch besser Berufsoffizier in preußisch-deutschnationaler Tradition – das war die Zielrichtung. Nur war es 1933 ausnahmsweise mal nicht ich, sondern das Deutsche Reich, das von dieser Marschroute gefährlich abwich.

Selbst mein Vater, durch und durch Preuße mit jüdischen Wurzeln, beurteilte die Machtergreifung Hitlers zunächst durchaus positiv – wie so viele Deutsche und selbst deutsche

Juden christlichen Glaubens. Endlich mal einer, der in dem Weimarer Chaos Ordnung schaffte, der durchgriff, dem »Franzmann, dem Drecksack, der das Rheinland besetzt hat«, zeigte, wo Barthel den Most holt. Aus unserer traditionsreichen preußischen Kadettenanstalt Potsdam wurde kurz nach Hitlers Machtübernahme eine »Napola«. Die »Nationalpolitischen Lehranstalten« der NSDAP galten als Kaderschmiede der Nazis, und ich muss sagen, zu diesem frühen Zeitpunkt fühlte ich mich durchaus auch noch als Teil dieser neuen nationalsozialistischen Elite und genoss das volle Programm: vormittags Schulunterricht, nachmittags vormilitärische Ausbildung mit Exerzieren, »politisch-ideologische Festigung«, regelmäßige Manöver in Brandenburg und Pommern, dazu viel Sport und reichlich Nachtmärsche mit Sturmgepäck. Alles in Uniform. Wir fühlten uns wie auf einem riesigen Abenteuerspielplatz! Und natürlich wurde bei uns nicht irgendein Sport gepflegt, nicht etwa Fußball, das sei etwas für dumme Proleten, sagten unsere neuen Ausbilder. Nein, Schlagball, Feldhandball und Faustball sollten es sein sowie Oper und Theater, damit »das Geistige nicht zu kurz kommt«, wie ausgerechnet die unkultivierten Betonköpfe der Partei betonten. Doch das erkannte ich alles erst viel später. Heimlich schlich ich mich mit meinen Freunden immer wieder ins Kino oder bolzte mit den Proletenkindern, vor denen so gewarnt wurde. Und schimpften die uns »Muttersöhnchen« oder baute sich irgendwelche Hitlerjugend vor uns auf, dann waren wir natürlich Elite genug, den Kollegen von der Hitlerjugend oder den Dorfchefs vom Typ »Milchreis« erst einmal eine ordentliche Tracht Senge zu verpassen. Als uniformierter Schüler der ehemaligen Kadettenanstalt und jetzigen Napola hatten wir schließlich einen Ruf zu verlieren. Den HJ-Quexen machten wir auf diese Weise klar, dass sie es mit

Männern zu tun hatten, die in Potsdam als künftige Führer des Dritten Reichs ausgebildet wurden. Darum seien Quexe und Pimpfe schlecht beraten, die Kadetten vorm Kino anzupöbeln. Und bei aller dumpfer Ideologie lernte ich in Potsdam zwei Prinzipien, die mich im späteren Leben häufig vor Unheil bewahren und die gleichzeitig das Ende meiner Karriere auf der Napola bedeuten sollten: ›Ein deutscher Junge hat keine Angst‹ und ›Ein deutscher Junge lügt nicht‹. Das wurde uns schließlich Tag für Tag eingetrichtert.

Wenn ich also anfangs meinte, dass Hitlers Rezept doch ganz gut klappte, dann ging es mir wie vielen anderen auch. Wir bemerkten, wie die Zahl der arbeitslosen »Eckensteher«, wie mein Vater sie nannte, stetig abnahm. Zeitgleich stieg die Zahl der Uniformierten. Der einstige Straßenpöbel trug jetzt schmucke hellbraune Jacken und nannte sich SA. Mit Ausnahme des blöden Horst-Wessel-Liedes sangen die aber kurioserweise dieselben Lieder wie wir: »Die blauen Dragoner reiten mit Klingen im Spiel durch das Tor. Fanfaren sie begleiten, hell zu den Hügeln empor.« Oder das Brandenburglied: »Steige hoch, du roter Adler, hoch über Sumpf und Sand, hoch über dunkle Kiefernwälder. Heil Dir mein Brandenburger Land.« Oder »Das Preußenlied«: »Ich bin ein Preuße, kennt ihr meine Farben? Die Fahne schwebt mir weiß und schwarz voran; Dass für die Freiheit meine Väter starben, das deuten, merkt es, diese Farben an.«

So ganz verkehrt konnten die Nazis wohl nicht sein, wenn sie solch feine musikalische Traditionen aufnahmen? Denn: »Wo man singt, da lass dich ruhig nieder. Böse Menschen haben keine Lieder.«

Schon erstaunlich, welche Konjunktur der Berufsstand dieser so musikalisch-braunen Rattenfänger plötzlich hatte und wie naiv ich selbst damals war! Doch bald schwante mir, dass hinter all dieser Wandervogelromantik und dem Halbstarkengeplänkel noch etwas anderes, weit Unheilvolleres steckte. Keine zwei Wochen nach meiner Umschulung in die Tertia wurde meinem Vetter Kurt in einem Berliner SA-Keller fast das Rückgrat gebrochen, weil er sich ein paar lockere Sprüche über den unbeweibten Hitler und den dicken Röhm auf der Arbeit nicht verkneifen konnte. Nachdem ich meinen Cousin im Krankenhaus besucht hatte, konnte ich nicht umhin, mir erste kritische Gedanken über Hitler und die Art, wie die Nazis unser Land umkrempeln wollten, zu machen. ›Einem Zivilisten, der eine andere Meinung äußert, dem bricht man doch nicht gleich den Rücken‹, dachte ich entrüstet. ›Das ist nicht nur feige, ungerecht und dumm, das ist schlicht eine ausgemachte Schweinerei.‹

Ein Jahr nach Hitlers Machtergreifung geschah etwas, das ebenfalls nicht in mein Bild von Anstand und Ehre passte. Ein guter Freund der Familie, der Jurist und Spezialist für Internationales Recht Dr. Wolf Lauterbach, für uns Jungen »Onkel Wolf«, wurde wegen angeblich defätistischer Äußerungen zum Röhm-Putsch von der Geheimpolizei einbestellt. Und das kam so:

Röhm hatte sich ja bekanntlich als Chef der SA bereits als eine Art Juniorpartner Hitlers gesehen und mit seinem forschen »Ihr könnt nicht ohne uns!« den alleinigen Machtanspruch der NSDAP infrage gestellt. Darin täuschte er sich allerdings gewaltig. Hitler hatte nicht vor, seine Macht mit irgendwem zu teilen. So wurde Röhms Homosexualität für Hitler in der »Nacht der langen Messer« ein willkommener Anlass, sich dieses aufstrebenden Konkurrenten zu entledigen.

Für mich war die SA nicht mehr als ein Haufen Proleten, ein brutaler, brauner Pöbel. Aber dass man Menschen, die einem nicht passen, einfach umbringt, das konnte ich schon damals nicht akzeptieren.

Nun, als ich am folgenden Wochenende zu Hause bei meinen Eltern in Steglitz war, hielt mein Vater einmal wieder sein berühmtes Tabakskollegium ab, und ich durfte dabei sein. Auch Onkel Wolf war einer der Gäste, sowie zwei befreundete Rechtsanwälte. Im Tabakzimmer wurden Sherry, gute französische Weine und Cohibas gereicht, sodass das Zimmer in kürzester Zeit in dichte Rauchschwaden gehüllt war. Nach einigen Gläsern schweren Rotweins und launigem Hin und Her voller politischer Anspielungen meinte Onkel Wolf: »Na ja, meine Herren. Nach dem, was Röhm zugestoßen ist, dürfte die Nationalhymne eigentlich nicht mehr heißen: ›Gott erhalte Franz den Kaiser‹, sondern:

›Gott erhalte Dr. Goebbels,
Gott erhalte Dr. Ley,
Röhm, den hat er schon erhalten,
Gott erhalte alle drei.‹«

Während bei einigen des anwesenden Tabakskollegiums brausendes Gelächter losbrach, bemerkte ich sofort, wie sich die Mienen meines alten Herrn und der beiden Anwaltskollegen von Onkel Wolf von einer auf die andere Sekunde merklich verfinsterten. Forsch wie immer warf ich in die Runde:

»Diese Geschichte mit dem Röhm ist doch eine Sauerei! Man erschießt doch nicht einfach ein paar Leute, die im Hotel sitzen, nur weil die was auch immer sind!«

Und während mein Vater mich maßregeln wollte, sprang mir Onkel Wolf, der Jurist, zur Seite.

»Was ist denn das für ein Rechtsstaat, der Leute, die ihm nicht passen, einfach umbringt?«

»Genau«, setzte ich noch eins drauf, »wo leben wir eigentlich?«

Darauf mein Vater: »Wo gehobelt wird, da fallen Späne. Wartet mal ab, das setzt sich alles wieder, wenn die erst mal mit dem Pack aufgeräumt haben!«

Einige Tage später hieß es dann, Onkel Wolf sei wegen angeblich defätistischer Äußerungen von der Geheimpolizei einbestellt worden. Mein Herz klopfte mir bis zum Hals vor Zorn und Schrecken. »Ja, wo leben wir eigentlich?«

Nicht lange darauf geschah etwas, was mein bisheriges Leben auf den Kopf stellen sollte. Ich saß mit meinem Vater im Herrenzimmer und erzählte ihm von dem, was wir im Rassenkundeunterricht in der Napola gelernt hatten. Ich berichtete ihm von degenerierten Kopfformen, Krummnasen und Plattfüßen, die typisch für die jüdische Rasse seien. Mein Vater hörte sich das alles schweigend an. Er schien sehr nachdenklich. Schon seit einiger Zeit hatte ich etwas auf dem Herzen, und nun, in dieser ruhigen Stunde mit meinem Vater, beschloss ich, diese Frage ein für alle Mal zu klären.

»Du, sage mal«, begann ich, und ein Hauch Unsicherheit schwang in meiner Stimme mit, »wir haben doch kein jüdisches Blut in der Familie? So krummnasige, plattfüßige Leute haben wir doch nicht in der Familie, oder?«

Mein Vater schwieg eine endlos erscheinende Minute lang. Dann geschah etwas, was ich in meinen kühnsten Träumen nicht erwartet hätte. Mein Vater, der in jeder Lebenslage selbstbewusste und stolze Wilhelm Adolf Pauly, räusperte sich umständlich und sagte mit einem leichten Zittern in der Stimme: »Doch, doch. Auf der Pauly-Seite gab es sogar Anfang des 19. Jahrhunderts Rabbiner. Erst 1848 traten die Paulys als Preußen dann geschlossen zum Christentum über.«

Ich war wie vom Donner gerührt. Mein Ururgroßvater ein Rabbiner? Mein Vater stand auf, ging zu seinem Schreibtisch und holte aus einer Schublade ganz weit unten ein paar Dokumente hervor. Es war der Geburtsschein meines Großvaters väterlicherseits. Da stand tatsächlich: »Vater: Dr. med. Josef Pauly, Geheimer Sanitätsrat, mosaischer Religion. Nationalität: Preußisch.« »Aber … die Großmutter hat uns doch Beten gelehrt«, wandte ich ein, »und zwar auf die deutsche Weise!«

Mein Vater seufzte. Dann erklärte er mir: »Du musst trennen, Peter, zwischen Rasse und Religion. Rassisch gilt sogar dein Vater wegen seiner Eltern als jüdisch, und du, Klaus und deine Schwester Rosel, ihr seid damit Halbjuden.«

Hundert Gedanken schossen mir gleichzeitig durch den Kopf. Mir wurde klar, dass ich mit meiner Schuluniform den Rock einer antisemitischen Regierung trug. Und das als »Halbjude«, als Sohn eines Juden. Dieselben Menschen, die mich all die Jahre zur Elite ausgebildet hatten, würden mich augenblicklich zum Teufel jagen, wüssten sie um meine Herkunft. Eine Herkunft, von der ich gerade erst selbst Kenntnis erhalten hatte. Mein gesamtes bisheriges Leben schien in sich zusammenzubrechen. Von einem Moment auf den anderen war ich über eine unsichtbare Linie katapultiert worden, und jenseits dieser Linie gehörte ich »nicht mehr dazu«.

In den folgenden Monaten ließ ich mir in der Napola nichts von dem Aufruhr anmerken, der in mir tobte. Mit keinem meiner Kameraden sprach ich darüber, während ich tief in meinem Inneren mit dieser völlig veränderten Situation umzugehen versuchte. Was sollte ich tun? Einfach weitermachen wie bisher? Je länger ich mit unserem Familiengeheimnis lebte, desto größer erwuchs in mir eine Mischung aus Stolz und Trotz. Die Familie meines Vaters war jüdischer

Abstammung. Waren die Paulys deshalb schlechtere Menschen? Nein, das waren sie nicht, sie waren wunderbar, liebevoll und intelligent. Aber was hieß das schon? Und ich? Ich war ich, Peter Pauly, ob nun reines arisches Blut in meinen Adern floss oder jüdisches.

So kam es, dass ich wieder einmal bereit dazu war, den Rat meiner Tante »Geh nich zu nah ran!« in den Wind zu schlagen. Als ich in der Abschlussklasse im Biologieunterricht lernte, dass man beim Angriff eines großen, bissigen Hundes diesem am besten die Faust direkt und möglichst tief in den Rachen rammen sollte, damit er daran ersticke, statt zu beißen, da beschloss ich, an dem Tag, an dem meine jüdische Herkunft in der Napola entdeckt würde, fest zu bleiben wie beim Angriff eines solchen wilden Hundes. Ich wusste, dieser Tag würde eine Menge Mut erfordern, und ich wusste auch, dass er nicht mehr allzu fern war.

Es war nach einem Manöver bei Schwedt an der Oder im Jahre 1936, als unser Oberstleutnant allen Kadetten befahl, mit der Anmeldung zum Abitur eine schriftliche Erklärung zur arischen Abkunft der Familie abzugeben. Da wusste ich, was die Stunde geschlagen hatte.

Als ich meine Anmeldung abgab, erklärte ich dem Oberstleutnant ohne Umschweife: »Diese Erklärung zur arischen Abkunft meiner Familie kann ich aber nicht abgeben. Mein Ururgroßvater war Rabbiner. Also ist mein Vater zwar nicht aus religiöser Sicht, aber gemäß der Nürnberger Gesetze jüdischer Abkunft.«

Der Oberstleutnant, alte preußische Schule, starrte mich an in einer Mischung aus Verärgerung und Überraschung.

»Ihr Vater interessiert mich nicht«, polterte er dann los, »und Ihr Rabbinerururgroßvater genauso wenig. Sie sind ein anständiger Kerl, Ihr Führungszeugnis ist 1a. Unterschreiben Sie jetzt gefälligst den Quatsch, ich muss morgen die Bögen von allen hundert Abituranwärtern der Kadettenanstalt nach Berlin schicken.«

Aber so einfach war das meiner Meinung nach nicht.

»Ich kann und ich werde das nicht unterschreiben«, entgegnete ich, bebend vor Zorn und Entrüstung darüber, zum Lügen aufgefordert worden zu sein.

»Menschenskerl, machen Sie doch keine Mätzchen. Was heißt denn das, ›kann nicht‹? Abmarsch auf Ihre Stube, und morgen früh liegt der Wisch unterschrieben auf meinem Schreibtisch!«

Mir war klar, der Oberstleutnant, ein sturer Westfale, wollte mir unter allen Umständen eine goldene Brücke mit zusätzlichem Geländer bauen. Er meinte es gut mit mir. Ich aber hatte während all der vergangenen Monate zu lange alle Für und Wider erwogen und mir fest vorgenommen, diese goldene Brücke nicht zu überqueren.

Am nächsten Morgen, gleich früh um neun, erschien noch vor dem Appell ein Melder: »Pauly«, rief er, »sofort zum Alten.« Und gleich darauf stand ich erneut vor diesem Offizier, der schon einen Weltkrieg hinter sich hatte.

»Herr Oberstleutnant«, begann ich, »Sie selbst haben mir immer wieder eingebimst, dass ein deutscher Junge nicht lügt. Wenn ich unterschreibe, dass ich keine jüdischen Vorfahren habe, dann ist das eine glatte Lüge. Und ein deutscher Junge lügt eben nicht.«

Nie im Leben werde ich den sorgenvollen Ausdruck im Gesicht des Alten vergessen. Ja, richtig väterlich wurde er und sagte mit leiser Stimme: »Junge, du schadest dir doch nur selbst. Wer sind denn diese Berliner Affen? Da fragt doch zumindest bis jetzt noch kein Mensch nach, ob du lügst oder nicht.«

»Ich kann das nicht unterschreiben, Herr Oberstleutnant«, beharrte ich und fügte hinzu: »Es tut mir leid.«

»Gut«, sagte der Alte und nahm wieder seine gewohnte, strenge Haltung an. Und mit gewohnt lauter Stimme fügte er hinzu: »Ihre Verantwortung.«

Vier Wochen später kamen die Abiturprüfungen, und alles ging zunächst wider Erwarten gut. In Geschichte erhielt ich ein »Sehr gut«, in Deutsch ein »Gut«, ebenso in Englisch und Latein. In Mathematik machte ich zwar nur ein schwaches »Genügend«, doch das war mir egal. Vor der mündlichen Prüfung erhielt jeder Abiturient ein braunes Kuvert, nur für mich war keines dabei.

»Gratuliere«, sagte der Oberstudienrat Dr. Burow, »dann waren Ihre Noten so gut, dass Sie gar nicht mehr ins Mündliche müssen.«

Kaum hatte er diesen Satz zu Ende gesprochen, fand er unter den vielen, großen braunen Kuverts einen kleinen weißen Brief, auf dem war zu lesen: »Peter Pauly. Persönlich-Vertraulich.« Überrascht reichte er ihn mir. Ich öffnete ihn auf der Stelle, direkt neben meinem alten Lehrer, und las laut vor: »Hiermit teilen wir Ihnen mit, dass Sie als Nichtarier von der weiteren Abiturprüfung ausgeschlossen werden.«

Ich war gefasst, denn natürlich hatte ich schon lange damit gerechnet. Meinem alten, Kaiserlichen Oberstudienrat aber schossen die Tränen in die Augen: »Diese verdammten Narren!«, flüsterte er und wollte nicht aufhören, den alten Kopf zu schütteln.

Wie ferngesteuert ging ich zum öffentlichen Fernsprecher, um meinem Vater die Neuigkeit mitzuteilen. Der reagierte zutiefst erbost: »Warum hast du dich nicht einfach an den Rat deines Oberstleutnants gehalten und unterschrieben, dass alle Vorfahren Arier waren? Gerade im Falle der Potsdamer Napola hätte das doch keiner überprüft!«

»Vater«, sprach ich in kalter Ruhe in die Muschel, »ein deutscher Junge lügt nicht.« Dann ließ ich den Hörer auf die Gabel fallen und ging zurück auf die Stube, um meine Sachen zu packen. Dort traf ich Gilberto, den Sohn des brasilianischen Militärattachés, dem ich immer in Deutsch geholfen hatte.

»Was ist los?«, wollte er wissen, als er mein Gesicht sah.

Ich ließ mich auf mein Bett fallen, atmete tief durch. Dann erzählte ich ihm den ganzen Schlamassel.

»Mensch, Peter«, sagte Gilberto, »gar kein Problem! Mein Onkel sucht gerade einen jungen Deutschen als Verwalter für seine Hazienda in der deutschen Siedlung Blumenau bei Porto Alegre. Alles Deutsche da, und er zahlt ein gutes Gehalt. Mit Landwirtschaft und Tieren kennst du dich doch gut aus, und Portugiesisch lernst du schnell.«

Meine Miene hellte sich sofort auf. Brasilien. Endlose Weiten, der Amazonas, Urwälder, Indios. Mein eigenes Geld verdienen und die Welt kennenlernen. Das war eine Wendung, wie sie mir nicht besser gefallen konnte.

Gilberto de Lima Cavalcanti stürzte los und kam keine fünf Minuten später freudestrahlend vom Telefon zurück: »Alles geritzt, mein Vater übernimmt die Überfahrt, nächsten Urlaubssonntag können wir losfahren. Auf nach Brasilien!«

Begeistert packte ich meine Sachen zusammen und fuhr direkt nach Steglitz, um meinem Vater von dieser erfreulichen Wendung meines Schicksals zu berichten. Doch statt sich mit mir zu freuen, tobte er.

»Was? Einfach so in die weite Welt willst du rennen? Du hast doch gar keine Berufsausbildung! Nein, nein, schlag dir das aus dem Kopf. Ohne Ausbildung geht gar nichts.

Südamerika! Hat man so was schon gehört! Nein, nein, ich habe einen Freund in Mecklenburg, da gehst du als Eleve in die Landwirtschaft, und dann sehen wir weiter.«

»Aber …«, wollte ich einwenden, doch ich kam nicht weit.

»Die Schule hast du dir versaut«, polterte mein Vater, »nun will ich wenigstens ein anständiges landwirtschaftliches Examen von dir sehen!«

Und damit wurden meine Neuweltpläne ad acta gelegt.

Ein entfernter Freund meines Vaters erklärte sich gern bereit, mich auf dem Gut Laeven auszubilden, einer Staatsdomäne des Großherzogs von Mecklenburg, eines eher harmlosen Adligen, den unser Rittmeister darum immer statt »Durchlaucht« das »Durchläuchterchen« nannte. Eine Landwirtschaftsschule in Neubrandenburg war auch rasch gefunden. Nun kam also mein »letzter, großer Tag von Potsdam«: Alles Militärische gab ich beim Faxen ab, im Gegenzug erhielt ich einen großen Hänger mit Zivilklamotten. Niemand verabschiedete mich, kein Schulleiter schüttelte mir die Hand. Das war also das unspektakuläre Ende meiner siebenjährigen Eliteausbildung? Wer hätte das noch vor einem halben Jahr gedacht? Das Ganze war ärgerlich, und doch fühlte ich mich mit mir im Reinen. Ich hatte nicht gelogen, sondern mich zur Wahrheit bekannt. Nur mein aus Westfalen stammender Lehrer Dr. Ochsenfeld drückte mir zum Abschied die Hand und steckte mir fünf Reichsmark in die Tasche. Und so fuhr ich in ungewohnt zivilem Aufzug von Potsdam Hauptbahnhof direkt Richtung Ostsee.

Es waren nicht die unendlichen Wälder Brasiliens, die an mir vorüberglitten, auch barg mein Umsteigebahnhof Neustrelitz keinerlei Exotik, und doch gefiel mir die Landschaft, als ich mich dem Gut Laeven, nahe dem Dorf Feldberg in Mecklenburg, näherte. Wider Erwarten war es etwas hügelig, überall ebenso grün wie in Schlesien, und zusätzlich gab es hier eine Menge Seen. Im Landgasthof »Zum Großherzog« fand ich einen Umschlag mit einer Nachricht vom Freund meines Vaters, zusammen mit ein paar Geldscheinen: »Lieber Peter«, stand in dem Schreiben, »wenn Sie noch etwas brauchen, dann gucken Sie sich um, kaufen Sie nach Herzenslust im Krämerladen ein, und essen Sie eine ordentliche Mecklenburger Bauernplatte mit Mett und Bauchfleisch, dazu Spreewälder Gurken und Senf aus Bautzen, nicht den Düsseldorfer! An der Molkerei wartet danach unser Knecht auf Sie.«

›Das nenn ich einen netten Empfang‹, dachte ich, und bestellte wie befohlen. Obgleich kein schlechter Esser, schaffte ich kaum die Hälfte der toilettendeckelgroßen Bauernplatte und kam erst gegen Abend auf dem Gut Laeven an.

Da war ich nun. Die folgenden zwei Jahre lang nannte man mich den »Eleven von Laeven«. Ich durchschwamm Seen, durchsegelte den Greifswalder Bodden auf einem Schiff mit Namen »Annaliese«, lernte pflügen und wie man in Rekordzeit melkt. Ich traf nette, sehr handfeste Damen und erkundete Dorfkirchen aus Backstein, besuchte leidenschaftlich gern Volksfeste, aß sehr gut und trank gern ein Glas oder vier. Was soll ich sagen – die zwei Jahre in Laeven vergingen wie im Flug.

Es war gegen Ende meiner Lehrzeit, als eines Morgens der Schwager meines Chefs auftauchte. Der war früher Landwirtschaftsverwalter für eine Witwe gewesen, eine gewisse Frau Dr. Hanni Auracher, deren verstorbener Mann Bezirkshauptmann von Tanga in Ostafrika, dem damaligen »Tanganyika Territory«, gewesen war und ihr nach seinem Ableben eine große Kaffeeplantage hinterlassen hatte. Für diese Plantage suchte Frau Dr. Auracher nun einen geeigneten Verwalter.

Diese Neuigkeit beschleunigte meinen Puls und bescherte mir eine schlaflose Nacht. War dies nicht der Ruf des Abenteuers, auf den ich so sehnlichst wartete? All die Erzählungen vom fernen Afrika aus dem Erdkundeunterricht traten wieder in meine Erinnerung, Tante Feridas sagenhafte Geschichten. Ich war nun erwachsen, meine Ausbildung war so gut wie beendet, und ich war, wie ich fand, ausgezeichnet gerüstet für die afrikanische Herausforderung. Das Scheitern meiner Brasilienpläne nahm ich als Warnung, es dieses Mal anders anzugehen. Und so meldete ich mich ohne viel Federlesens oder Rücksprache mit Berlin-Steglitz zum Bewerbungsgespräch. Offenbar konnte ich dabei überzeugen, und auch die anschließende Prüfung vor der Landwirtschaftskammer unter Vorsitz von Dr. von Hase meisterte ich mit Bravour. Keine zwei Jahre nach meinem Rausschmiss aus der Napola sah ich mich einmal mehr am Scheideweg, wieder war ich dabei, »zu nah ran zu gehen«, und als der Arbeitskontrakt vor mir auf dem Tisch lag, unterschrieb ich ihn beherzt. War mir damals bewusst, welch weitreichender Schritt das war? War mir klar, dass die Entscheidung, vom mecklenburgischen Landwirt zum ostafrikanischen Tropenlandwirt zu mutieren, mein ganzes weiteres Leben verändern würde? Wenn ich ehrlich bin, hatte ich damals nicht die geringste Ahnung davon, dass aus mir Preußen einmal ein waschechter Afrikaner werden würde.

Wir schrieben das Jahr 1936, und meinem Traum von Afrika stand der obligatorische Wehrdienst im Wege, von dem ich natürlich eine Freistellung brauchte. Ich fragte bei der Landwirtschaftskammer Neubrandenburg nach, und ein freundlicher, untersetzter Herr mit Glatze erklärte mir, die bekäme ich im Wehrkreiskommando Neubrandenburg. Dass man kurz vor dem Ziel im letzten Moment an den Nazibürokraten scheitern konnte, hatte ich schon in Potsdam lernen müssen, und so bereitete ich mich auf das »Gespräch« im Wehrkreiskommando gut vor. Als ich mich dort vorstellte und kundtat, dass ich beabsichtige, Tropenfarmer in Tanganjika zu werden, da grunzte der Schreibstubengehilfe gleich:

»Ach so, Negerhäuptling willste wohl werden, wa? Sach mal, wo ist denn Tanganjika genau?«

»Deutsch-Ostafrika, deutsche Kolonie«, wiederholte ich mit engelsgleicher Ruhe.

»Aber hallo«, schrie der Schreiberling so plötzlich wie gellend durch die ganze Amtsstube, »der Erste von uns geht nach Deutsch-Ostafrika! Der Führer hat also Deutsch-Ostafrika wiedergekriegt! Und Südwest kriegen wir auch bald wieder. Sofort mitkommen zum Alten!«

Schnurstracks führte er mich ins Zimmer des Rittmeisters.

»Haben Sie denn beim Röhm-Putsch noch nichts gemerkt?«, grummelte er, während er das Freistellungsformular ausfüllte. »Entweder lässt Hitler jetzt die Sau raus, oder er schießt um sich, der Postkartenmaler, dieser böhmische Gefreite! Den haben die doch damals in Flandern verschüttet, seitdem ist der plemplem! Wenn es den Postkartenmaler doch bloß im Giftgas erwischt hätte, da bliebe uns einiges erspart.«

Vorsichtig blickte ich über meine Schulter, um mich zu vergewissern, ob die Tür auch wirklich geschlossen war. Ich staunte nicht schlecht: Dies war also die ungeschützte, politische Meinung eines Rittmeisters irgendeiner Mecklenburgischen Husareneinheit im Jahr 1936. So klar und laut hatte noch niemand mit mir geredet. Der Rittmeister reichte das

Formular herüber, stempelte »auf unbestimmte Zeit zurückgestellt« drauf und murmelte:

»Bleiben Sie behütet, Sie Negerkönig, und sehen Se zu, dass Se fix hier wechkommen.«

Während er das sagte, klang in meinem Hinterkopf: »Geh bloß nich zu nah ran!« Anders als bei dem Kongo-Pavian, der mir einst die Hand zerbissen hatte, wollte ich dieses Mal auf den Rat dieses alten Rittmeisters hören.

Zurück in Laeven erhielt ich Post von meiner zukünftigen Arbeitgeberin, der Witwe Dr. Hanni Auracher. Dem kurzen wie herzlichen Schreiben lag ein Scheck bei, doch die Stelle, wo der Betrag hätte stehen müssen, war leer. »Tragen Sie die Summe ein, die Sie benötigen«, stand in dem Schreiben. »Und haben Sie eine gute Reise!« Das schien mir ein vertrauensvolles Omen für eine ausgezeichnete Zusammenarbeit. Beschwingt packte ich meine Tropenkoffer und zurrte sie mit Schweinslederriemen fest zu. Erst jetzt, einen Tag vor meiner Abreise, setzte ich meinen Vater per Telegramm in Kenntnis meiner Pläne. Seine Antwort kam direkt zu meiner Abfahrt. Ich solle mir das Geld, das er für die Anreise zur Verabschiedung ausgegeben hätte, auszahlen lassen. Er telegrafierte: »Fahr in Gottes Namen, aber fahr!« Tatsächlich sollte es mehr als fünfzehn Jahre dauern, bis ich meine Eltern in Afrika wiedersah. Genauso lange sollte es dauern, bis ich erfuhr, dass es damals, 1936, nur noch wenige Monate brauchte, bis mein alter Herr doch noch begriffen hatte, was die Stunde geschlagen hatte, und sich mit meiner Mutter, Rosemarie und Klaus rechtzeitig genug zu Verwandten nach Dänemark absetzte. Rosemarie sollte dort auch ihr gesamtes weiteres Leben verbringen und den berühmten dänischen Theologieprofessor Knut Løgstrup heiraten.

Peter (1. von rechts) am Hamburger Hafen, 1936

Viele meiner Tanten und Onkel aus der väterlichen Linie sah ich nie wieder. Deren Reise endete irgendwann zwischen 1943 und 1945 im KZ in Theresienstadt, Auschwitz oder Ravensbrück. Nur von einem Onkel zweiten Grades, Erhard Milch, Staatssekretär und General der Luftwaffe, erfuhr ich später noch mal in Afrika, nämlich aus der Zeitung. Zwar war auch Onkel Erhard nach den Nürnberger Gesetzen wohl mindestens »Halbjude«, hatte aber das zweifelhafte Glück, dass die Rassenideologie im konkreten Einzelfall nach Gutsherrenart Löcher bekommen konnte. Als Göring nämlich hörte, dass die uniformierten Bleistifthalter seinen General Erhard Milch aufgrund »nichtarischer Abstammung« entlassen wollten, polterte der Dicke einen Satz heraus, bei dem sogar ich nicht anders konnte, als laut zu lachen: »Wer Jude ist, bestimme ich.« Tja, so schlau waren die Nazis dann doch, zum Glück für Onkel Erhard.

An mir jedoch waren sie leider – oder besser gesagt: zum Glück – so wenig interessiert, dass ich mich jetzt am Hamburger Hafen wiederfand. Am Petersenkai traf ich auf einen baumlangen Zollbeamten, der die verplombten Gepäckstücke mit einem Kreidestück markierte. Ich sah, wie der Lange zu einer alten Dame ging, die so klang, als käme sie aus einem kleinen jüdischen Schtetl irgendwo im Osten. Der Zollbeamte mit goldenem Parteiabzeichen im Revers schimpfte was von »plattfüßigen Volksverderbern« und »Ungeziefer«, griff in ihr Gepäck und zog ein silbernes Kännchen für Kaffeesahne hervor. »Das wird nicht mitgenommen, das ist beschlagnahmt.« Der alten Frau liefen die Tränen. Ja, so war das 1936 mitten in Deutschland, im Jahr der Olympischen Spiele, und dieser Kerl war nur ein Vorgeschmack auf all das, was da noch kommen sollte. Einer vom Schlage derer, die zwei Jahre später die Synagogen anzünden und fünf Jahre später in Auschwitz Juden vergasen sollten. Ganz mutige Kerle!

Intermezzo eins

Im *Koffieshop* von »Woermann & Brock« saßen wir vor leeren Tellern und Gläsern – ein trauriger Anblick. Peter schien in Gedanken versunken, ich konnte spüren, wie sauer er heute noch auf diese Nazi-Schergen war.

»Möchtest du noch etwas?«, fragte ich ihn behutsam.

Er sah auf.

»Ja«, sagte er, ohne zu zögern, »Jacobs Krönung, bitte.«

Kurz danach stand er vor uns, duftend und schwarz.

»Zucker gefällig?«, fragte Peter und reichte mir die geblümte Porzellandose. Ich wehrte ab.

»An Zucker sparen? Grundverkehrt! Der Körper braucht ihn, Zucker nährt!«, rezitierte Peter und schaufelte sich das süße Zeug in die Tasse. Damals wusste ich noch nicht, dass er diesen Satz bei jeder Gelegenheit zum Besten gab und bei vielen Menschen schon allein damit eine gewisse Berühmtheit erlangt hatte.

Ja, der kleine, zähe Mann neben mir brauchte ganz offensichtlich Stärkung nach dieser ersten Reise in die Vergangenheit. Mir aber wurde klar, dass man ein neunzigjähriges Leben nicht im Turbogang an ein paar Tagen erzählen kann. Wir plauderten noch ein Stündchen über dies und das, dann verabredeten wir uns auf den nächsten Tag, um das Erzählschiffchen wieder zu Wasser zu lassen. »Zur selben Stunde am selben Ort.«

Als wir uns dort wieder trafen, Brötchen bestellten mit Kudufleisch, war Peter bester Dinge. Und kaum hatte er zu erzählen begonnen, verstand ich warum: Was nun kam, waren, wie er mir immer wieder versicherte, seine »besten Jahre«. Nazideutschland ließ er hinter sich. Vor ihm lag das große afrikanische Abenteuer …

2. Kapitel
Neue Ufer

Wende dein Gesicht der Sonne zu, so fallen die Schatten hinter dich.

Sprichwort der Massai

Ein letztes Mal blickte ich zurück auf den Petersenkai, dann ging ich festen Schrittes den Steg hinauf zur »Nyassa«, einem stolzen weißen Schiff. Als ich den Kapitän, einen schlohweißen Seebären, an der Brücke stehen sah, wie er jedem Einzelnen seiner Passagiere zur Begrüßung die Hand drückte, war mir klar: Dies war ein Kapitän mit Stil und ganz und gar nach meinem Geschmack. Mein erster Eindruck sollte sich in den Gesprächen bestätigen, die wir während der Überfahrt miteinander führten. Viele Jahre lang hatte er die Meere bereist und auf der Atlantikroute bis hinunter nach Feuerland sogar Charles Darwins Beagle-Kanal gekreuzt. Zu meiner großen Freude besaß dieser Mann eine für manch einen seiner Offiziere irritierende Marotte: Jeden Tag ließ er auf der Brücke »Wir lagen vor Madagaskar« auf dem Grammofon spielen. Wenn es tönte »In den Kesseln, da faulte das Wasser, und täglich ging einer über Bord«, dann zuckte dem zweiten Offizier jedes Mal der linke Nasenflügel. Ich aber wusste: »Hier bist du in besten Händen.«

Viel Zeit verbrachte ich in der Bordbibliothek. Goethes Werther, Schillers Wallenstein und all das andere »Schöngeistige«, zu dem mich mein Deutschlehrer in Potsdam noch mit mildem psychologischen Druck hatte zwingen müssen, so wie Tante Ferida mich einst zur ersten Klavierstunde, verschlang ich nun geradezu. Dazwischen träumte ich auf hoher See von Afrika, Tante Feridas Stimme im Ohr. Weihnachten 1936 feierten wir mitten auf dem Indischen Ozean: Christstollen mit ganz dicken, weichen Rosinen aus der Bordbäckerei, Ahlbecker Heringssalat mit Roter Bete, schlesische Weißwürste mit Sauerkraut. Im Hintergrund dudelte »Hohe Nacht der klaren Sterne«. Bei hohem Seegang musste ich an das Sprichwort »Vor Gericht und auf hoher See sind wir allein in Gottes Hand« denken. Denn leider litt ich unter der gleichen Schwäche wie Admiral Horatio Nelson, der Held von Trafalgar: ausgerechnet an der Seekrankheit! ›Wie konnte Nelson dann nur die Seefahrt zum Beruf machen‹, fragte ich mich, wenn ich kreidebleich in meiner Koje lag. Das würde mir nicht passieren. Zwar fand ich die Reisegefährten an Bord um einiges spannender als die Nachbarn eines schlesischen Landwirts, so wie etwa den Engländer John Harris-Bass, mit dem ich mich gleich am ersten Tag angefreundet hatte. John war am Gonville and Caius College in Cambridge zum Arzt ausgebildet worden, verwaltete aber schon seit mehreren Jahren in Ostafrika riesige Teefarmen und wandte seine Heilkunst allerhöchstens bei eingewachsenen Zehennägeln an. »Unterschätze mir die Podologie nicht«, pflegte mein Reisegenosse zu betonen. »Weißt du etwa nicht, dass einer der Väter des Deutschen Bürgerlichen Gesetzbuches an einer Sepsis, einer Blutvergiftung, nach einem eingewachsenen Zehennagel starb?«

Ja, mein Freund John kannte sich aus in der Welt der Zehennägel – und in der übrigen auch. Als guter Brite war er imperialistisch bis ins Mark, dabei aber, anders als viele

Kolonialdeutsche mit Großmannssucht, nicht unsympathisch. Ob das daran lag, dass Harris-Bass seinen Platz an der Sonne schon mit dem Tag seiner Geburt gefunden hatte und nicht verbissen und ohne Rücksicht auf Verluste um ihn kämpfen musste? John war jedenfalls das, was zivilisierte Engländer »chilled« nennen – heute würde man vielleicht »cool« sagen oder entspannt.

So pflegte der Mediziner seit Collegetagen die bemerkenswerte Tradition, jeden Mittwochabend seine Freunde auszuhalten, allein um die Tatsache zu feiern, dass es bald Donnerstag würde. Stell dir vor, dieser Mann feierte den Anbruch eines jeden Donnerstags! Stieß während unserer Schiffspassage jemand an einem Mittwochabend zu unseren Gelagen auf dem Oberdeck und erkundigte sich, was es denn so zu feiern gäbe, dem rief der Doc lachend entgegen: »Chill out, pal. It's Thursday in a few minutes, and I celebrate all Thursdays since my first year in college. Sit down and refresh yourself.« Der Zufall wollte es, dass der Jahreswechsel 1937 auf einen Donnerstag fiel. Nun ja, Harris-Bass meinte, man müsse die Feste eben feiern, wie sie fallen, und damit war die Silvesterfeier gerettet.

Auch zu den Frauen unterhielt dieser englische Dandy kein gebrochenes Verhältnis. Nie werde ich vergessen, wie er mir bei jener Silvesterfeier sein Tagebuch entgegenhielt. Aufgeschlagen war die Seite des Neujahrstages 1935, den mein Freund auf einer deutschen Farm am Kilimandscharo verbracht hatte. Dort las ich den Eintrag: »11 glasses of champaign! Frolein Schröder!« Der Mann war ganz offensichtlich kein Kostverächter und gab – kurz bevor die Nebelhörner das neue Jahr eintuteten – uns allen sein Lebensmotto kund: »I lead the life of a country gentleman: I drink, I wench and I hunt.« Daraus schloss ich messerscharf, dass es alkoholische Kaltgetränke, nette Damen und jagdbare Tiere auch in Ostafrika geben musste. Diese Aussicht gefiel mir nicht schlecht. Ich war damals neunzehn Jahre alt, das Leben lag vor mir.

Mitte Januar 1937 legten wir endlich im Hafen von Dar es Salaam an. Von dort ging es mit dem Postauto weiter nach Dodoma. Während wir Weißen wortlos in der Kabine hockten, saßen die Schwarzen, so sie denn überhaupt das Postauto benutzten, singend auf ihren Taschen auf dem Dach. Keine Frage also, wo ich lieber gewesen wäre. Der Fahrer war Inder, und ich erfuhr, dass das gesamte Transportwesen in Tanganyika Territory fest in indischer Hand war. Es ging Richtung Hochland nach Iringa, zur Missionsstation Pommerini, die ihren Namen von Pommern ableitete, denn sie war 1898 mit Spenden von Greifswalder Professoren und Pastoren errichtet worden.

Mit Greifswald und Pommern verknüpfte ich so manche Erinnerung. Dort war ich in meinen Schülertagen oft zum Segeln gewesen. Außerdem hatte ich dort an der Ostsee das erste und letzte Mal aufgrund einer Gefangenenbefreiung Bekanntschaft mit einem Unikarzer gemacht, und zwar mit keinem geringeren als dem von Preußens ältester Universität. Was war passiert? 1935 hatten die dort meinen alten Berliner Freund Bubby Behrens gleich im ersten Semester eingekarzert, der seinerseits versucht hatte, eine Kommilitonin des Nachts aus der Universitätsfrauenklinik in der Loefflerstraße zu befreien. Das ging gründlich schief, denn Bubby, seines Zeichens Kandidat der Medizin, war bereits schwer angeheitert auf der Station aufgeschlagen. Sein weißer Kittel aus dem Anatomiekurs funktionierte noch als Tarnung, aber als der Halbwüchsige einer Schwester lallend erklärte, er sei Oberarzt aus der Thoraxchirurgie, da flog natürlich alles auf. Versuchen Sie mal, nach zehn Bier »Oberarzt der Thoraxchirurgie« zu sagen! Das Ergebnis: fünf Tage Karzer. Ein Anruf bei der Greifswalder Studentenverbindung »Wingolf« läutete nun meine große Stunde ein: Fahrt zu dritt vom Manöver im nahe gelegenen Anklam nach Greifswald, Betrunkenmachen des Karzerfaxen mit einigen Runden Wacholder, Aneignung des Schlüssels mit anschließender Befreiung Bubbys. Diese Heldentat musste natürlich gefeiert werden, und dazu begaben wir uns in Max Pansows legendäre Studentenkneipe »Zur Falle«, keine drei Straßen weiter, wo wir vier Gläser »Störtebeker« bestellten, »das Bier der Gerechten«. Die Kneipe sollte für uns tatsächlich zur Falle werden, denn zwei Stunden später wurden wir dort alle vier festgenommen: sieben Tage Karzer für alle »Gerechten« und eine Rüge der Napola. Ach, was war das für ein fideles Gefängnis gewesen, dieser Karzer da oben an der Ostsee!

Leider lachten die Missionare in Pommerini nur sehr gequält, als ich ihnen erzählte, was mich mit Pommern verband. »Was für Langweiler«, dachte ich, denn ich war damals schon der Meinung, Christen sollten fröhliche und keine moralinsauren Menschen sein. Wie sagte später ein berühmter katholischer Theologe: »Der Kahn Petri wird von Nieten zusammengehalten.« Mir schwante, dass man es als Afrika-Missionar nicht ganz leicht auf diesem wundersamen Kontinent hatte, wenn man keinen Humor mitbrachte. Von Pommerini aus ging es im Postauto weiter landeinwärts, allerdings nicht ohne anständige Brotzeit. Das hatte ich von meinem Freund John Harris-Bass gelernt, der bereitwillig seine Lebensweisheiten mit mir geteilt hatte: »Whatever happens during a long day: Afterwards, you must always make time for a good dinner.« Ich stellte fest, dass das Essen auf den Missionsstationen stets reichhaltig war, wenn auch nicht unbedingt besonders exquisit zubereitet. Aber das machte mir nichts aus. Rasch hatte ich heraus, dass Antilopenschinken, Kudufleisch und gebratenes Straußenei auch ohne deutsches Schwarzbrot mit gesalzener Butter eine Delikatesse abgaben.

Von Iringa aus ging es am nächsten Morgen weiter landeinwärts. Der letzte Stopp vor der Ankunft auf der Farm von Frau Dr. Auracher war das »Whitehorse«. Zu deutschen Zeiten hatte diese Lokalität konsequent »Zum weißen Rössel« geheißen, und genauso deutsch war immer noch die Kundschaft. Als ich dort ankam, traf ich einen Schwaben im Glückstaumel an. Dieser hatte an jenem Tag einen größeren Goldfund gemacht, und der Glückliche handelte nun ganz unschwäbisch: »Henkell Trocken für alle!«, rief er und lud das gesamte Lokal ein, mit ihm zu feiern. Das ließ ich mir nicht zweimal sagen, und so kam es, dass ich nach einigen Gläsern Sekt mein nächtliches Quartier aufsuchte und trotz des Lärms sofort einschlief. Bis zum späten nächsten Morgen schlief ich wie ein Stein und erwachte erst, als der schwarze Kellner vor meinem Fenster Geldscheine an der Wäscheleine aufhängte. Ich rieb mir die Augen, glaubte noch zu träumen. Dann trat ich hinaus zu dem jungen Mann.

»Guten Morgen«, sagte ich, »darf ich fragen, was hier passiert ist?«

Wortreich erklärte mir der Junge die ganze Geschichte, die ich verschlafen hatte. Nach Mitternacht war die sektselige Gesellschaft auf die glorreiche Idee gekommen, die vielen Geldscheine des Schwaben im Goldrausch in die Sektkübel zu werfen. Der Glückspilz musste aber weiter, und darum bearbeitete der »schwarze Hausknecht aus dem Nubierland« die Geldscheine mit dem Handtuch. Ich staunte ob solch ungewöhnlicher Dienstleistungen in Afrika! Angesichts der vielen Geldscheine dämmerte mir, der ich mit nur 50 Mark hatte ausreisen dürfen, dass auf diesem Kontinent die Extreme herrschten. Entweder hungern oder Geldscheine trocknen, eine goldene Mitte schien es nicht zu geben. Und ich musste an meinen Griechischunterricht denken und den Spruch über dem Apollontempel am Orakel von Delphi: »*Meden agan* – Nichts im Übermaß.« Offenbar hatte das berühmte antike Orakel noch nie in Afrika Urlaub gemacht.

Meine Reise ging weiter. Und wieder fiel ich unterwegs der afrikanischen Gastfreundschaft zum Opfer: Ich wurde auf einer Kaffeeplantage vor Lupembe eingeladen – natürlich auf eine gute Tasse Kaffee. Mir fiel zunächst auf, dass hier in Afrika viel mehr gefeiert und eingeladen wurde als in Deutschland. Schließlich war ich kaum angekommen, und schon konnte ich mich vor all der Gastfreundschaft kaum retten. Mittags gab es Kaffee, abends eine Feier, und am nächsten Abend galt es, einen Geburtstag im Nachbardorf zu begehen. Mir erschien ein Leben, in dem mehr gefeiert als gearbeitet wurde, generell schon mal keine schlechte Idee. Das hatte mir bereits auf der »Nyassa« gefallen. Und hier schien das Ganze völlig neue Dimensionen anzunehmen.

Ich war noch mitten beim Kaffeetrinken auf der prächtigen Veranda meiner Gastgeber in Lupembe, als auf einmal ein khakifarbener Geländewagen angefahren kam. Dem Gefährt entstieg einer, der aussah wie ein *Askari* aus dem Bilderbuch. Askari ist Kisuaheli und heißt Soldat, es war damals die Bezeichnung für die Einheimischen, die in der deutschen Schutztruppe so loyal zu Paul Emil von Lettow-Vorbeck standen, dass viele von ihnen bis in die bundesrepublikanischen Zeiten eine deutsche Rente bezogen, wie ich später erfuhr.

Dieser alte Askari, schnittig und noch immer militärisch gekleidet, stellte sich mir als Gordon Kitaponda vor. Er arbeitete als Fahrer des weißen Farmbesitzers und war gekommen, um mich zur Farm der Witwe Auracher zu bringen. Während der Fahrt erzählte er mir, dass er noch mit dem alten Plantagenbesitzer Auracher an der Seite Lettow-Vorbecks geritten sei. Die nächsten Stunden auf holprigen Straßen vergingen wie im Flug, so gespannt lauschte ich den Berichten des alten Askari. Schließlich war der deutsche General schon im Zigarettenbilderalbum mein großer Held gewesen, ein echter Siegertyp, wie ich fand, während alle um ihn herum nur unfähige Sesselpupser waren.

Die schönste Geschichte allerdings, die mir Gordon Kitaponda erzählte, war die von General Lettow-Vorbecks Automobil. Ich hatte mir immer vorgestellt, wie der General seiner Truppe hoch zu Ross vorausgeritten war. Aber er ritt gar nicht, sondern fuhr Auto im unwirtlichsten Gelände, sodass sein motorisiertes Gefährt bei jeder unpassierbaren Stelle auseinandergebaut, hinübergetragen und dann wieder zusammengebaut wurde. »Ich glaube«, lachte Kitaponda, »die Engländer suchen heute noch vergeblich seine Pferdespuren!«

Und dann war da noch die Geschichte von der wundersamen Auszahlung der Askaris, die mir später von einem Adjutant in Windhoek bestätigt wurde: Ein Major namens Müller hatte, als Hindenburg Reichspräsident wurde und Lettow-Vorbeck noch lebte, den Auftrag erhalten, die noch ausstehenden Löhne für die Askaris *ad personam* in Ostafrika auszuzahlen. Dafür hatte er sich auf der Schiffspassage ein ausgeklügeltes System ausgedacht, mit dem er durch gezielte Fragen sicherstellen wollte, dass der betreffende Askari auch tatsächlich an jenen Gefechten teilgenommen hatte, für die der Lohn noch ausstand. Die Leute besaßen schließlich keine Papiere, in denen Dienstzeiten vermerkt worden waren. In Dar es Salaam angekommen fuhr er los Richtung Kidungale. Anfangs schien ihm die Zahl der Kämpfer, die er auszahlte, auch durchaus angemessen. Misstrauischer wurde er jedoch mit jedem Tag, den er landeinwärts reiste, denn die vermeintlichen Kriegsteilnehmer wurden immer jünger. In einem Ort gaben ihm fünfzehn-, sechzehnjährige Jungen tadellose Antworten auf seine Fragen zu Schlachtaufstellungen und behaupteten, sie seien damals als Signalschüler aktiv gewesen. Major Müller wusste zwar, dass Lettow-Vorbeck für diesen wichtigen Posten auf sehr junge Leute zurückgegriffen hatte, aber diejenigen, die er da vor sich hatte, konnten damals höchstens fünf Jahre alt gewesen sein, und das war schlechterdings unmöglich.

Müller beschloss daher, zwei weitere Männer in die nächsten Dörfer vorauszuschicken und sich umzuhören. Dort erfuhren sie, dass hinter Dar es Salaam zwei ehemalige Gefreite der Askaris Müller vorausgezogen seien und gegen eine nicht unerhebliche Aufwandsentschädigung die Leute in den Dörfern instruiert hätten, wie sie die Fragen des Majors korrekt zu beantworten hätten. Das hatte ausgezeichnet funktioniert, mehr als die Hälfte des Geldes war mittlerweile ausgezahlt worden, und zwar auch an solche, die nie eine deutsche Uniform getragen hatten und nun umso glücklicher aussahen. So blieb dem deutschen Offizier nichts anderes übrig, als die ganze Aktion schnellstens zu beenden. Was für ein verrücktes Land!

Mit derlei Geschichten verstrich unsere Reisezeit in Windeseile. Doch je näher wir dem Ziel kamen, umso mehr schien es mir, als würden sich die verrückten Anekdoten mit der Realität vermischen. Es war bereits kurz vor Sonnenuntergang, als wir an eine Brücke gelangten. Ich war zwar noch neu in Afrika, wusste aber bereits, dass nur Narren oder solche, die gerne mit baumhohen Kudus, eine Art afrikanischer Elche, kollidieren oder von der Straße abkommen wollen, nach Sonnenuntergang mit dem Auto unterwegs sind. Denn anders als in Europa kennt Afrika keine Zeit der Dämmerung. Die Sonne geht unter, und fünf Minuten später ist es stockfinstere Nacht. Wir wollten also so rasch wie möglich ankommen. Doch es sah so aus, als machte uns diese Brücke einen Strich durch die Rechnung. Ungefähr die Hälfte der Bretter fehlte. Und zwar nicht, weil sie vergammelt waren, nein, sie waren fein säuberlich herausgetrennt worden.

»Die Leute haben die Planken als Brennholz gebraucht«, erklärte mir Gordon Kitaponda in aller Seelenruhe, als käme das alle Tage vor. Er ging nach hinten und öffnete den Laderaum des Wagens, zog zwei lange Bretter heraus und legte sie auf die Brücke.

»So«, meinte er, »das sollte genügen. Bitte alles einsteigen, es geht weiter.«

Ungläubig starrte ich auf die Brücke. Die beiden Bretter ließen eine Menge Lücken frei, ich konnte mir nicht vorstellen, wie wir heil darübergelangen sollten.

»Sir«, meinte Kitaponda, »es ist ganz einfach. Wir müssen ordentlich schnell fahren, dann klappt es.«

Ich sah in den Abgrund hinunter, wo sich gut zwanzig Meter tiefer ein brauner Fluss durch sein Bett schlängelte. Gordon Kitapondas Strategie erschien mir ungefähr so sinnvoll wie die meines Berliner Vetters, den wir nur »den dicken Willi« nannten. Dieser war einmal mit mir im Nebel besonders schnell gefahren mit der physikalisch erstaunlichen Erkenntnis: »Wenn man schnell fährt, dann ist die Gefahr umso schneller vorbei.«

Ich zuckte mit den Schultern und nahm wieder im Wagen Platz. Gordon Kitaponda setzte den Wagen zurück, um ordentlich Anlauf zu nehmen. Er trat das Gaspedal voll durch, der Wagen jaulte auf, und – schwupps – waren wir auch schon auf der anderen Seite. Gordon sammelte seine Bretter wieder ein, als würde er das täglich machen, und mir dämmerte, dass es wahrscheinlich genau so war. Ich atmete auf. Die Nachtfahrt blieb uns erspart.

Das Ganze erinnerte mich an eine Geschichte, die ich in der Bordbibliothek der »Nyassa« gelesen hatte. Albert Schweitzer, Missionsarzt, Orgelvirtuose und Theologe, verzweifelte schier daran, dass seine schwarzen Patienten regelmäßig unter den von ihm mühsam aus seltenem Hartholz gezimmerten Pritschen Feuer entfachten und sich damit ihr eigenes Nachtlager in Schutt und Asche legten. Was mir damals an Schweitzers Berichten imponiert hatte, war, wie es dem Urwaldarzt dennoch gelang, seine Kritik an den Schwarzen, an ihrer Arbeitsmoral oder ihren Wertvorstellungen von jenem schalen, rassistischem Beigeschmack frei zu halten, wie man ihn oft bei kolonialen Siedlern heraushören konnte. Der spätere Friedensnobelpreisträger beschrieb zwar oft, wie sehr ihn zuweilen die Trägheit und Jetztbezogenheit in Afrika störten, dabei verlor er allerdings nie die Wertschätzung für die Würde all derjenigen, mit denen er es zu tun hatte. Und das war beileibe nicht immer einfach. So bat der dreifach promovierte Schweitzer einen auf einem Holzstapel sitzenden und mit einem Leinenanzug bekleideten Afrikaner, ihm beim Tragen von Brettern zu helfen. Dieser antwortete, das sei ihm leider nicht mehr möglich, denn er habe sich entschlossen, Intellektueller zu werden, sodass diese Art der körperlichen Arbeit nichts für ihn sei. Darauf entgegnete Schweitzer mit einem Lächeln, dass er das durchaus verstehe. Auch er habe vor Jahren in Europa versucht, Intellektueller zu werden, aber das sei ihm leider nicht geglückt.

Es war kaum zu verstehen, wie Dorfbewohner eine Brücke verfeuern konnten, die sie selber benutzten. Aber ich war mir gleichzeitig darüber im Klaren, dass auch wir Weißen voller Fehler und Irrtümer sind. Ich begann damals zu ahnen, was uns Europäer von den Afrikanern am meisten unterscheidet: Viele Schwarze lebten, als gäbe es kein »Morgen«, während die meisten Weißen so sehr in der Sorge um das »Morgen« lebten, dass sie dabei oft das »Hier und Jetzt« vergaßen.

»Jeder lacht auf seine Weise«, sagte ich zu Gordon Kitaponda.

»Gut, wenn sie lachen«, antwortete der mit einem Schmunzeln, »lachen tun aber nicht mehr viele – leider.«

3. Kapitel

Vom Kaffee- zum Teefarmer

Sollte dies Kaffee sein, bringen Sie mir bitte Tee. Sollte dies Tee sein, bringen Sie mir bitte Kaffee.

Abraham Lincoln

Eine halbe Stunde später, pünktlich zum Sonnenuntergang, waren wir am Ziel meiner Reise angekommen: auf Frau Dr. rer. pol. Aurachers Kaffeeplantage Dindrimonyo. Hanni Auracher war das, was man eine »Dame« nennt, und ihrer Zeit

Frau Dr. Auracher mit Tropenhelm

weit voraus. Stattlich, mit natürlicher Autorität, um die sechzig, der man das Alter nicht ansah. Aufrecht und schlank im hellen Baumwollkostüm, obligatorischen Tropenhelm und mit einem ausdrucksstarken Gesicht sah man ihr die Entschlossenheit an, schwierige Situationen meistern zu wollen. Freundlich wie resolut trat sie mir entgegen, um mich willkommen zu heißen. Und gleich am ersten Abend gab sie mir kolonial anmutende Ratschläge, wie zum Beispiel diesen: »Dass Sie es von Anfang an wissen, junger Mann, Sie dürfen sich als Deutscher in Afrika kein X für ein U vormachen lassen. In Deutschland natürlich auch nicht, aber hier passiert es ständig, dass Afrikaner, aber auch Engländer und Italiener aus Äthiopien und Puntland am Horn von Afrika, die hier Geschäfte machen, das versuchen. Wissen Sie eigentlich, woher der Ausdruck kommt, sich ›kein X für ein U vormachen zu lassen‹? Sie sind doch Lateiner, wie ich in der Bewerbung gelesen habe.« Sie sah mich auffordernd an. Ich musste passen: »Tut mir leid«, lachte ich, »diese Stunde muss ich wohl verpasst haben.«

Frau Dr. Auracher setzte sich in ihrem Korbstuhl zurecht.

»Also, das war so: Wenn ein Römer vor 2000 Jahren in der Taverne ein paar Weinkaraffen gebechert hatte, dann machte mancher Wirt nach fünf Karaffen statt weiterer Striche ein römisches V, zu Deutsch U, auf den Deckel. Das stand also für die Zahl fünf. Und kam danach die siebte oder achte Karaffe, dann malte der Wirt statt weiterer Striche ein umgekehrtes V unter das erste V. Schon war aus dem ursprünglichen V ein X geworden und statt sieben Karaffen zahlte der bereits schwer ›erfrischte‹ Gast zehn. So ist das hier auch: Die Händler wie auch die Afrikaner beklauen Sie nie direkt, sondern sind schon ein bisschen fantasievoller.«

Ich wollte noch einwerfen, dass ich seit meinen Potsdamer Tagen auch nach fünf Karaffen Wein bestimmt nicht so stramm sein würde, um das mit dem X nicht zu merken, aber ich verkniff mir das dann doch. Ich mochte die patente Frau gleich von Anfang an und wollte keinen falschen Eindruck auf sie machen.

Hanni Auracher machte keinen Hehl daraus, wie froh sie darüber war, dass ich gekommen war. Nach dem Tod ihres Mannes hatte sie kaum gewusst, wie sie allein die Unmenge an Arbeit bewältigen sollte. Ein Verwalter war dringend nötig, und ich war über die neue Aufgabe auf einer Kaffeeplantage natürlich weit mehr begeistert als über jede mecklenburgische Roggenernte. Sie hatte einige Bedienstete im Haus und auf den Feldern, ansonsten führte sie ein eher einsames, zurückgezogenes Leben. Mir gegenüber zeigte sie sich fast mütterlich und sehr großzügig, konnte aber auch streng sein, wenn sie es für angebracht hielt. Frau Dr. Hanni Auracher herrschte über ihre Ländereien wie eine echte Adelige, die sie dem Wesen nach durchaus auch war.

Rasch gewöhnte ich mich ein und lernte: Mit dem Kaffee ist es wie mit Bananen. Er ist relativ unkompliziert und wächst praktisch von selbst. Ganz anders verhielt es sich mit den benachbarten Teeplantagen am Kilimandscharo. Zwar ist Tee als Baum noch widerstandsfähiger als eine Kaffeepflanze, vor allem gegen Pilze und Krankheiten, aber umso problematischer ist beim Tee jede Art von Wurzel- und Rodungsarbeiten. Wer also eine Teefarm anlegen wollte, musste zunächst einmal allergrößte Sorgfalt auf das Roden verwenden. Zudem braucht Tee große Niederschlagsmengen. Ein Teebauer tat gut daran, zunächst in Erfahrung zu bringen, wie viele taulose Sonnentage es in der geplanten Anbauregion gab. Denn Tee braucht jeden Tag Tau oder Re-

Peter Pauly als Junglandwirt

gen und auch genug Sonne, um zu treiben. Der Trieb ist ja das, was geerntet werden soll – im Gegensatz zu den Früchten beim Kaffee. Darum denkt ein Teefarmer buchstäblich jeden Tag an die Ernte und muss darauf achten, dass die Pflanzen nicht zu hoch wachsen, damit die menschliche Hand die Blätter noch erreichen kann.

All das war beim Kaffee deutlich einfacher. So gestaltete sich mein Einstieg als tropischer Landwirt auf Frau Dr. Aurachers Kaffeeplantage durchaus angenehm. Die Arbeit hielt sich in Grenzen, dafür verdiente ich umso besser. An den Wochenenden hatte ich Zeit, die Gegend zu erkunden, und bereits nach einem Monat nutzte ich die Gelegenheit, um gemeinsam mit den Nachbarssöhnen, die ungefähr in meinem Alter waren, zu Fuß Afrikas höchsten Berg, den Kilimandscharo, zu besteigen. Doch schon zehn Wochen später war es mit dem angenehmen Leben vorbei. Fast alle Kaffeeplantagen in der Region Lupembe wurden von einem Pilz befallen, den die anderen Deutschen die »Himalayakrankheit« nannten, weil dort im indischen Teil der Hochebenen dieser Pilz zum ersten Mal aufgetreten war. Der Schaden war groß, die Früchte verrotteten. Statt mich um den Anbau kümmern zu können, blieb mir nichts anderes übrig, als nur noch Brandstreifen zu ziehen, um gesunde von kranken Pflanzen zu trennen und das Übergreifen des Pilzbefalls zu verhindern. Bald verließ ein deutscher Farmer nach dem anderen die Gegend. Das alte deutsche Kaffeezentrum mit Schule und Bäckerei verwaiste. Quasi über Nacht waren die meisten Existenzen ruiniert. Doch wer in Afrika keinen Mut zum ständigen Neuanfang hatte, der war auf diesem Kontinent falsch, einem Kontinent, der einerseits brutal sein konnte, andererseits aber auch mit unermesslichen Reichtümern gesegnet war. Viele Farmer zogen direkt weiter an einen anderen Ort, etwa nach Moshi, oder siedelten um an die Gestade des Nyassa-Sees im Süden oder an den Lake Victoria im Norden. Dort fingen sie ganz neu an und wurden schnell wieder reich. Es brauchte solche zähen Hunde, um diesen Neuanfang zu wagen und zu schaffen. Anders als mancher in Deutschland gaben diese Charaktere in Afrika nicht auf. Der eine und andere hungerte sich sogar durch, um das nötige Geld auf die Seite zu legen. Das erinnerte mich ein wenig an meinen Greifswalder Medizinerfreund Bubby Behrens, der nach dem Versaufen der väterlichen Apanage zwei Monate seines Studiums durch Blutspenden finanziert hatte.

Auch für uns sollte sich bald alles ändern. Ein Telegramm von Frau Dr. Auracher, die den Sommer in Deutschland verbrachte, informierte mich darüber, dass sie ein neues Stück Land im Tukuyu-Bezirk nicht weit vom Nyassa-See erworben habe, auf dem sie mit meiner Hilfe eine Teeplantage aufbauen wollte. Sie bat mich, ihre Angestellten und die Rinderherde dorthin zu führen. So sollte aus mir, dem entspannten Kaffeebauern, über Nacht ein Teefarmer werden. Doch vorher galt es, ein wahres Abenteuer zu überstehen: Mit meinen zwanzig Jahren sollte ich einen Tross von Tieren und Menschen samt Lasten über 400 Kilometer quer durch das Land führen – eine echte »Safari« im ursprünglichen Wortsinn des Kisuaheli-Wortes für »Reise«.

Rund vierzig »Rücken« Rinder, darunter ein neugeborenes Kalb, und einige Schafe, geleitet von drei Hirten, mussten samt der vierzehn frisch angeheuerten einheimischen Träger durch das Livingstone-Gebiet den ganzen Weg hinunter zum Teeland am Nyassa-See getrieben werden. Mit von der Partie waren auch zwei Hunde, Marko und Minka, mein Reitesel namens Gilgamesch sowie ein Packesel. Da die Autopiste durch ein Gelände führte, in dem nicht nur die Tsetsefliege ihr Unwesen trieb, sondern auch das Ostküstenfieber grassierte, entschieden wir uns, alles »lebende Inventar« der Witwe Auracher über das Gebirge zu treiben, was einen Fußmarsch von rund zweieinhalb Wochen bedeutete. Meine Chefin hatte mir geschrieben, dass ich diese Viehsafari auf keinen Fall allein antreten sollte. Offenbar traute sie mir Jungspund diese Reise nicht zu. Ich sollte unbedingt einen erfahrenen, in der Gegend lebenden Europäer bitten, mich zu begleiten oder andernfalls die afrikanischen Angestellten alleine losschicken. Das schien mir aber nicht richtig, und keiner unserer weißen Nachbarn hatte Zeit, mich zu begleiten. Da bald die Regenzeit einsetzen würde, wollte ich die Reise nicht länger aufschieben, sondern schrieb an Hanni Auracher, dass ich die Verantwortung für Tiere und Menschen übernehmen und unverzüglich aufbrechen würde, auch wenn ich der einzige Weiße auf dieser Safari war. Pesambili, ein junger, zuverlässiger Mann, dessen Namen übersetzt »Zwei Pfennige« bedeutete und der einen guten Eindruck auf mich gemacht hatte, würde mir dabei helfen. Ich ernannte ihn zum »Safari-Leiter«.

Schließlich war es so weit. Ich saß bereits im Sattel und sah zu, wie die lange Reihe der Träger, von denen jeder genau abgewogene 35 Kilogramm trug, gefolgt von der Herde und den Hirten unter Pesambilis Leitung, singend hügelabwärts zog. Noch einmal ließ ich meine Blicke über die Hänge von Dindrimonyo schweifen mit ihren Kaffeebäumen. Im Tal über dem Bach schwebte ein leichter Nebel, der allmählich wie ein zerfetzter Schleier an den Hängen zerflog. Der grob erbaute Viehstall aus Lehm am Wiesenhang wirkte auf einmal tot und leer. Der sonst so makellos blaue Himmel überzog sich grau mit Wolken, bald darauf begann es zu tröpfeln. Es war Zeit zu gehen. Ich drückte Gilgamesch meine Hacken in die Flanken und folgte dem Zug.

Gleich während der ersten Mittagsrast wurde mein Führungsgeschick auf die Probe gestellt. Die Träger ließen mir durch Pesambili ausrichten, dass ihr Gepäck durch den Regen zu schwer geworden sei, und drohten damit, nach Hause zu gehen, sollte ich ihren Lohn nicht erhöhen. Nach einigem Hin und Her, bei dem es mir heiß und kalt wurde vor Sorge, gleich zu Beginn der Reise ohne Träger dazustehen, fand ich intuitiv die Lösung, die alle besänftigte: Ich öffnete die Kiste mit Zigaretten und überreichte jedem der Träger eine, was die Lage augenblicklich entschärfte.

Am Abend suchten wir einen passenden Lagerplatz, und im Schein des Feuers rückten alle näher zusammen. Auch das Vieh hatte sich zur Ruhe gelegt. Der sonst so stille Rulenga, ein tiefschwarzer, baumlanger Kerl, begann leise zu erzählen. Er sprach Kibena, die Stammessprache der Leute aus Lupembe, die ich nicht verstand. Still dabeisitzend blieb mir viel Zeit, die Gesichter zu studieren. Anfangs hatte ich in meiner Ignoranz gedacht, dass die Afrikaner alle gleich aussähen, doch inzwischen fielen mir längst die Unterschiede sowohl in der Hautfarbe als auch in der Physiognomie und den Gesichtszügen auf. Unterwegs mit diesen Männern lernte ich auch ihre unterschiedlichen Charaktereigenschaften kennen, ihre Stärken und Schwächen. Und ich begriff bereits an diesem ersten Abend unserer Reise, als ich Rulengas leiser Erzählung lauschte, dass ich ihre Sprache lernen musste, wollte ich sie wirklich verstehen und ihre Achtung erwerben. Schon damals widerstand es mir, allein durch meine weiße Hautfarbe und die besondere Stellung als Vertreter der Chefin Macht und Autorität auszuüben. Inmitten des afrikanischen Busches beschloss ich an diesem Abend, dass ich dazugehören wollte, auch wenn meine Position mich natürlich von den anderen abhob. Ich begriff, dass die Sprache der Schlüssel zum Herz von uns Menschen ist. Einige Sätze Kisuaheli konnte ich bereits sprechen, und nun nahm ich mir fest vor, meinem Großonkel Emin Pascha nachzueifern und so rasch wie möglich die einheimischen Sprachen richtig zu lernen.

In jener ersten Nacht schlief ich nicht viel in meinem Zelt. Immer wieder wachte ich auf und machte in Pyjama und Bademantel und in Begleitung der Hunde eine Runde um unser Lager. Bald stocherte ich hier im Feuer, tätschelte da beruhigend ein Kalb, streichelte dem treuen Gilgamesch die Flanken. Ich fühlte eine mich wach haltende Mischung aus Glück und Aufgeregtheit. Ich war unterwegs und konnte es doch noch kaum glauben.

Die Tage gingen dahin. Immer seltener ließ ich das Zelt aufbauen, sondern schlief lieber im Freien. Ich teilte die Mahlzeiten mit den Trägern und Hirten, Maisbrei oder -fladen mit Bohnen, eine gleichförmige Kost, die ich gern für ein schönes Stück Fleisch eingetauscht hätte. Ich verbrachte die Abende am Feuer, lauschte Erzählungen, verstand immer ein bisschen mehr, gewöhnte mich an die Trommeln bis spät in die Nacht hinein. ›Das ist das wahre Afrika‹, dachte ich, und dies unterschied sich völlig von dem jener englischen Dandys im Leinenanzug, die mit Gin Tonic bewaffnet abends auf der Veranda als einzigen natürlichen Feind die Malariamücke kannten und sich einredeten, mit dem Chinin des Tonic und den Vitaminen des Wacholder im Gin ordentlich Krankheitsprävention zu betreiben. Für unsere Hirten hingegen gab es kein Paradekissen mit Wärmflasche des Nachts, sondern nur den nackten Boden als Bett aus der Sorge heraus, dass das Vieh von Raubtieren angegriffen würde. Nur zu gerne teilte ich dieses Leben mit ihnen. Im tanzenden Schein des Lagerfeuers, das zuckende Lichter über die dunklen Gestalten der um mich lagernden Männer warf, musste ich an den Jungen denken, der ich einmal gewesen war, damals, als ich in Schlesien vor der offenen Ofentür hockte und von Abenteuern in Afrika träumte. Wenn dann ab und zu ein glühendes Stückchen Kohle durch den Rost auf die Asche gefallen war, schienen sich die alltäglichen Dinge, die mich damals umgaben, durch den Feuerschein in eine fremdartige Kulisse zu verwandeln, in der die Abenteuer nur auf mich warteten. Damals hatte es in meiner kleinen Brust aus Sehnsucht nach fremden Kontinenten umso heftiger gezerrt, als der Erfüllung meiner Träume stets die Erwachsenen und der fest gefügte Alltag im Weg gestanden hatten. Nun aber waren all meine Kindheitsträume Wirklichkeit geworden. Mit meinen neunzehn Jahren war ich nicht nur mitten im tiefsten Afrika unterwegs, sondern trug auch Verantwortung für viele Menschen und Tiere.

An einem heißen Mittag, als wir in der Nähe eines großen Flusses lagerten, kam es jedoch zu einer Tragödie durch ein Tier, dem in Afrika mehr Menschen zum Opfer fallen als Löwen, Schlangen und Krokodilen zusammen: dem Flusspferd. Vier unserer Träger waren schwimmen gegangen. Ich war mit den anderen zurückgeblieben, als sich plötzlich lautes Geschrei erhob. Sogleich rannte ich los in Richtung Fluss. Aus dem Wasser kamen mir zwei der Männer entgegen, die anderen beiden waren in eine Herde Flusspferde geraten. Ich überlegte drei endlose Sekunden lang: Was sollte ich tun? Hinterherspringen? Das würde den beiden Männern im Wasser nicht helfen. Im Wagen, so fiel mir ein, hatte ich ein langes Drahtseil, und das holte ich nun, so schnell ich konnte. Als ich zum Fluss kam, sah ich die beiden Träger wie wild um sich strampeln. Genau über dieser Stelle entdeckte ich einen überhängenden Ast.

»Los«, rief ich den Männern auf Kishuaeli zu, »haltet euch fest!«

Einer der Männer schaffte es auch tatsächlich, das Seil zu ergreifen, sodass ich ihn aus dem Wasser und damit aus der Gefahr ziehen konnte. Der andere jedoch versank vor meinen Augen in den Fluten.

Als ich aufgewühlt und niedergeschlagen mit dem Geretteten zurück zum Lager kam, war ich überrascht darüber, wie wenig Emotionen der tragische Unglücksfall bei den anderen Afrikanern auslöste. Das Leben ging weiter. Und ich lernte die harte Lektion, dass der Wert eines menschlichen Lebens hier offensichtlich ein ganz anders Gewicht hatte als in der Kultur, in der ich aufgewachsen war.

Nach einer guten Woche der Reise erreichten wir einen Ort namens Mdandu. Hier wollten uns die Träger, wie vereinbart, verlassen, und ich stand vor der Sorge, wo ich neue Männer anwerben könnte. Als wir uns dem Städtchen näherten, bemerkte ich auf einem Hügel ein auffallend großes, breites Gehöft.

»Wer wohnt denn dort?«, fragte ich Pesambili.

»Das ist die Tembe des Sultans Pangamahudi, des Stammesoberhaupts aller Wabena.«

Schon entdeckte ich in der Ferne einen Reiter auf einem Schimmel, der in unsere Richtung trabte, gefolgt von einer Menschengruppe. Es war niemand anderes als das Oberhaupt der Wabena, der kam, um uns seinen Gruß zu entbieten.

Damals hatte ich noch keinerlei Ahnung von afrikanischen Hofsitten. Ohne zu Zögern, gab ich meinem guten Reitesel Gilgamesch die Flanken, preschte im kurzen Galopp an meinen Trägern vorbei und stieg auf halbem Weg zwischen meinen Leuten und der sich nähernden Gruppe aus dem Sattel. Von dort hatte sich ebenfalls eine einzelne, schlanke Gestalt von den anderen gelöst und kam zu Fuß auf mich zu. Sultan Pangamahudi trug einen langen, weiten Kanzu, ein Gewand, das bis zum Boden gerade herunterfällt, und darüber einen schwarzen, eng taillierten Gehrock. Aus einer seiner Taschen zog der Sultan wie beiläufig eine prächtige, goldene Sprungdeckeluhr, ließ die Deckelchen einige Male wie spielerisch auf- und zuklappen und reichte mir dann seine schmale, wohlgeformte Hand zum Gruß.

Ich kannte bereits den landesüblichen Händedruck, bei dem man mehrmals den Druck loslässt und wieder erneuert, während sich die Daumenspitzen berühren. Das Ganze wird begleitet von einer Reihe höflicher Redensarten und Fragen nach dem Befinden und Wohlergehen des Gegenübers, seiner Begleiter einschließlich der Herdentiere. Zu meiner Freude unterbrach Pangamahudi dieses Ritual nach einer Weile, beugte sich zu Mirko, meinem Hund, hinunter und streichelte ein paar Mal über dessen gescheckten Kopf.

»Da hat der Herr einen guten Freund«, sprach der Sultan. Was erstaunlich war, denn Afrikaner haben für Hunde in der Regel nicht viel übrig. Dann lud mich das Stammesoberhaupt der Wabena für den Abend in seine Tembe ein.

In der Stadt erneuerten wir unsere Vorräte. Doch unser Versuch, neue Träger anzuwerben, scheiterte kläglich. Obwohl wir ausreichend kräftige Männer antrafen, wehrten sie alle ab, als sie das Ziel unserer Reise erfuhren.

»Die Leute sagen«, erklärte mir Pesambili, »zu den Wanyakyusa, die dort wohnen, wollen wir nicht. Sie sind große Diebe und seit alter Zeit unsere Feinde.«

Und dabei blieben sie. Nur ein einziger Mann erklärte sich bereit, mit uns zu reisen.

›Da muss ich wohl heute Abend den Sultan um Hilfe bitten‹, dachte ich und hoffte darauf, wenigstens einen guten Führer empfohlen zu bekommen. Denn wir verließen nun bald das Land der Wabena und kamen in das Gebirgsland der Wakinga, das Livingstone-Gebirge, das auf der anderen Seite steil ins Tukuyuland abfallen würde mit schwierigen Pfaden, bei denen es auch galt, einige große Flüsse zu durchqueren. Ein kundiger Führer, so dachte ich, wäre sicherlich notwendig.

Nach dem Abendessen warteten schon ein paar junge Männer auf mich, die mich zum »Hof« von Pangamahudi begleiten sollten. Auf dem Weg dorthin vergaß ich meine Sorgen. Voller Freude lauschte ich den abendlichen Geräuschen, die hier und dort anhoben und sich mit dumpfen Tanztrommeln und Gesängen aus der Ferne vermischten. Dann und wann kam es mir so vor, als erzitterte die Erde vom Stampfen der Tänzer.

Pangamahudis Gehöft bestand aus vier Flügeln um einen rechteckigen Innenhof. Die grasgedeckten Dächer waren zum Hof hin weiter heruntergezogen und bildeten, auf Stämmen ruhend, einen Säulengang. In der Mitte des Hofs brannte ein helles Feuer, das sein Licht unruhig über die Gesichter der anwesenden Würdenträger und Ratgeber warf. In einer hohen Gestalt, gehüllt in eine rote Wolldecke und mit einem Turban auf dem Kopf, erkannte ich den Sultan wieder. Zu meiner Überraschung stand plötzlich ein Stuhl vor mir, und so saß ich wenig später, wie auf einem Thron erhöht, im Kreise der Hofgesellschaft nicht weit vom Sultan entfernt. Aus der langen Rede Pangamahudis, die er in der Stammessprache hielt, hörte ich hin und wieder das Wort »Mzungu« heraus, mit dem sie uns Weiße bezeichnen, und ich schloss daraus, dass von mir gesprochen wurde. Ab und zu wandte er sich mit einer Frage an mich, und obwohl ich meist nur die Hälfte verstand, antwortete ich in einem Mischmasch aus Deutsch und Kisuaheli, was er jedes Mal mit einem freundlichen Nicken quittierte. Ich lernte, dass es hier wohl mehr auf das Reden an sich ankam als auf das Gesagte, auf das höfliche Bekunden des gegenseitigen Interesses. Während unter der Hofgesellschaft Kalebassen verschiedenster Größe mit unbestimmtem Inhalt die Runde machten, bekam ich Zigaretten angeboten und Tee in schönstem Porzellan serviert.

Nach einer Weile erschienen sechs jüngere Männer und blieben mit respektvollem Gruß vor dem Sultan stehen. Mit eleganter Geste auf sie weisend beugte er sich zu mir herüber.

»Diese Männer«, sagte er auf Kisuaheli, »werden euch helfen, eure Lasten bis zum Ziel der Safari zu tragen.«

Ich war überrascht und überwältigt von dieser Großzügigkeit. Erst recht, als er uns als Führer eben jenen Mann zur Seite stellte, der uns bei unserer Ankunft als Erster entgegengekommen war. Aller meiner Sorgen enthoben, bedankte ich mich für dieses Beispiel afrikanischer Gastfreundschaft und Großzügigkeit von ganzem Herzen.

Lange lag ich noch wach in dieser Nacht. Es waren nicht etwa überreizte Nerven, die mich am Schlafen hinderten. Nein, es war eine Empfindung, die ich nur schwer beschreiben kann. Es war ein tiefes, bis dahin nie gekanntes Glücksgefühl, das mich von der Zehenspitze bis zu den Haaren erfüllte. All die Eindrücke vom Hof des Sultans, so bescheiden er auch gewesen sein mag, die Lebendigkeit und Lebensfreude der Menschen hier sorgten dafür, dass ich mir vorkam wie ein Kind, das durch einen Türspalt etwas vom Glanz und von der Pracht der Seele Afrikas erspähen durfte.

In den nächsten Tagen ließen wir die Landschaft von Ubena hinter uns, Ukinga, das Land der Wakinga, das wir nun betraten, zeigte sich rau und gebirgig. Die Höhenzüge wurden steiler, der Graswuchs – wichtige Nahrung für unsere Rinder und Schafe – oft von Felsen durchbrochen. Regengüsse hatten tiefe Rinnen wie Narben in die Berghänge gewaschen. Die Täler wurden enger und tiefer – wie oft standen wir auf einer Höhe, die wir in glühender Mittagshitze erklommen hatten, und schauten hinab in ein Tal, das fast doppelt so tief war wie das, aus dem wir eben gekommen waren, und so weit wir blicken konnten, wurden die Bergrücken schroffer und steiler.

Tage später hatten wir auch den letzten und steilsten dieser Kämme erklommen, die legendären Zinnen des Livingstone-Gebirges, die wie ein gigantischer Wall Ukinga vom Tukuyuland abriegeln. Es war an einem späten Nachmittag, als ich stumm und staunend das Land betrachtete, das sich fast zweitausend Meter tiefer vor uns ausbreitete wie eine Spielzeuglandschaft. In schwindelerregender Steilheit fiel hier das Gebirge direkt bis zum Nyassa-See, dem heutigen Malawi-See, ab, der sich tiefblau bis zum Horizont gen Süden ausbreitete. Auf dem westlichen Ufer erhob sich das Bondaligebirge, sodass die Landschaft vor uns ringsum von Bergketten umgeben war. Dazwischen fiel das Tukuyuland in unzähligen Hügelketten ab. Bald entdeckten wir die Dächer verschiedener Siedlungen. Silbrig glänzten hier und dort die Wellblechdächer von indischen Läden oder Tee- oder Kaffeepflanzgebäuden, dann wieder sah ich die rot gedeckten Dächer von Missionsstationen und Verwaltungsgebäuden, die Stadt Tukuyu, die wie eine mittelalterliche, europäische Burg auf einem Hügel nahe dem höchsten Berg des Livingstone-Gebirges, dem Rungwe, über dem Land thronte. Als gelblich-rote Bänder durchzogen Straßen das Land, durchschnitten von den geschlängelten Linien der Fußpfade.

Dieser Anblick unter der großen, blauen Himmelsglocke, die sich im Westen nun für den Sonnenuntergang orangerot zu färben begann, ließ mich stille werden aus Ehrfurcht vor der Schönheit dieses Landes. Eine Art Garten Eden, so schien mir dieses Land zwischen den Gebirgen am Ufer des großen Sees.

Der Abstieg gestaltete sich äußerst mühsam. Mancher Grat war nicht breiter als ein Meter, und ich dankte Gott dafür, dass ich schwindelfrei war. Für unsere Tiere war diese Gebirgspassage keine kleine Herausforderung: Geschickt trugen die Hirten erst die kleineren Kälber über so manchen der schmalen Grate, während wir anderen darauf achteten, dass die nachdrängende Herde nur Stück für Stück vorankam, damit keines in den Abgrund stürzte, in unwegsame Talschluchten, die kein Mensch je betreten hat.

Kaum lagen die steilsten Hänge hinter uns, hatten wir auch schon den ersten der großen Flüsse zu durchqueren. Da die Hängebrücke von einst nur noch aus bloßen Drahtseilen und ein paar Brettern bestand, blieb uns nichts anderes übrig, als durchs Wasser zu gehen. Ein Hirte schnappte sich das jüngste Kalb und trug es durch den Fluss, in der Hoffnung, dass die Herde nachfolgen würde. Tatsächlich blökte »Safari«, wie wir das Kalb getauft hatten, auch sehnsüchtig nach seiner Mutter. Die lief am anderen Ufer unruhig hin und her, doch durch das Wasser traute sie sich nicht. Schließlich musste sie an den Hörnern durch die Strömung gezogen werden, und nun setzte sich auch der Rest der Herde in Bewegung. Von nun an durchquerten wir ohne Probleme die weiteren Flüsse, die Tiere merkten sich die Erfahrung.

Nach einigen Tagen erreichten wir schließlich Segera, die neue Farm der Hanni Auracher, mein neues Tätigkeitsfeld, wo ich einen der schönsten Abschnitte meines langen Lebens verbringen sollte.

Aus dem Nichts eine Farm zu errichten, dieses Vergnügen wurde mir hier nun zuteil. Und mit dem jugendlichen Elan eines mittlerweile Zwanzigjährigen machte ich mich an die Arbeit. Gebäude für Mensch und Tier mussten gebaut werden und Felder angelegt. Zunächst wohnte ich selbst in einer einfachen grasbedeckten Hütte nur dreißig Schritte vom Viehstall entfernt. Darin war es so eng, dass ich, wo immer ich mich in diesem meinem »Palast« befand, alles, ohne aufzustehen, erreichen konnte: Bücher, Zigaretten, Tee oder

Pfeife, alles war stets zur Hand. Gut, dass kein Besuch kam in jener Anfangszeit, denn kaum jemand hätte wohl verstanden, wie jemand »so primitiv wohnen kann«. Doch die Wahrheit ist: Es machte mir nichts aus. Ja, es ist, als sei ich völlig unabhängig von meiner Umgebung, ob Herrenhaus oder Hütte, Palast oder Ovambokraal – ich bin doch immer ich, der »farbenblinde« Peter, wie sie mich heute hier nennen.

Und weißt du was? Ich war glücklich und wurde es von Tag zu Tag mehr. Woran das lag? Vielleicht daran, dass ich das hinter mir gelassen hatte, worum es in Europa und auch bei den meisten Deutschen in den Kolonien immer ging: die tägliche Jagd ums Geld! Anders als viele andere Weiße war ich schließlich nicht des schnellen Geldes wegen nach Afrika gekommen, nein, durchaus nicht. Es war der Ruf des Abenteuers, der mich gelockt hatte, auch das Gefühl, in der alten Heimat nicht mehr geschätzt und erwünscht zu sein. Der Schock, dass der Geburtsschein meines Ururgroßvaters mein Leben von Grund auf ändern konnte, saß noch immer tief. Und vielleicht waren meine jungen afrikanischen Anfangsjahre auch deshalb so beglückend für mich, weil ich tagtäglich aufs Neue meine Fähigkeiten in überraschenden Umständen erproben und entdecken konnte. Und all meine Antennen waren auf Empfang geschaltet, uneingeschränkt, neugierig, voller Freude über alles Neue.

Wenn ich hin und wieder Eingeborenendörfer besuchte, wurde ich stets ins Haus der Häuptlinge eingeladen. Ich nutzte jede Gelegenheit, um mich mit den Einheimischen auszutauschen und meine Fertigkeiten in den Stammessprachen zu verbessern. Und offensichtlich war ich ein gern gesehener Gast. Es brauchte eine Weile, bis ich dahinterkam, warum. Ich denke, es war meine Bereitschaft, mit den anderen zu lachen, wenn es sein musste auch gern über mich selbst. Humor waren die Afrikaner von uns Europäern offenbar nicht unbedingt gewöhnt, und so erzählten mir die Chiefs auch mehr als den anderen Weißen. Besonders eine Sache machte mich nachdenklich, vor allem, als ich sie immer wieder in verschiedenen Varianten hörte.

»Wir freuen uns außerordentlich«, sagte einmal ein Häuptling, »und zwar besonders, weil Sie Deutscher sind und nicht Engländer.«

»Ja, aber warum denn?«, fragte ich überrascht. Denn wenn ich ehrlich war, imponierten mir die weltgewandten Briten nicht schlecht. Von meinem Heimatland und dessen aktueller Regierungsform hatte ich die Nase ziemlich voll. Die meisten unserer Nachbarn hier am Nyassa-See waren Engländer, mir gefielen diese Kerle, sie hatten deutlich mehr Humor als die Deutschen, und wie die Afrikaner verstanden es die Briten ausgezeichnet, Feste zu feiern. Immer öfter ertappte ich mich bei dem Gedanken, dass ich gern selbst die britische Staatsangehörigkeit angenommen hätte. Und nun machten meine Freunde, die Stammesführer, die Engländer so schlecht?

»Was stört euch an den Engländern?«, fragte ich also.

Die Antwort ließ nicht lange auf sich warten.

»Ihr Deutschen macht es wie wir: Wenn einer nicht pariert, dann reagiert ihr sofort darauf. Bei euch setzt es Schläge. Das ist schlimm genug, aber zumindest ist damit die Sache aus der Welt. Die Engländer dagegen«, fuhr der Häuptling fort und richtete sich auf seinem niederen Holzhocker auf, »haben eine weit unangenehmere Art, uns zu bestrafen, wenn ihnen etwas nicht passt: Sie behalten die Löhne ein und kürzen die Essensrationen, um sich die Arbeiter gefügig zu machen. Und das widerspricht unserem Ehrgefühl. Menschen, die arbeiten, müssen essen. Menschen, die arbeiten, müssen ihren Lohn erhalten. Und was das Schlimmste ist: Der Engländer ist hochmütig und lässt uns das spüren.«

Zufrieden mit seinen Ausführungen nickte der Stammesfürst vor sich hin.

»Sie sind hochmütig?«, fragte ich höflich nach. »Haben Exzellenz ein Beispiel dafür?«

»O ja«, nickte der Häuptling. »Eines Tages kam ein englischer Kirchenmann zu uns, er nannte sich Bischof, und er beschwerte sich auf das Unhöflichste bei mir. Weißt du, was er sagte? ›Die Afrikaner im Allgemeinen – nicht ihr natürlich, ihr seid die große Ausnahme – aber die anderen Afrikaner sind alle so faul, so schmutzig und so wenig organisiert. Außerdem rauben sie uns Nacht für Nacht mit ihren fürchterlichen Instrumenten den Schlaf, mit diesen Trommeln!‹ Ja, ja«, schmunzelte der Häuptling, »er sah wohl in meinem Gesicht, dass ich nicht glücklich war über das, was er da sagte, also fügte er schnell hinzu: ›*But gosh, they can dance*: Aber tanzen! Das könnt ihr wie kein anderer, das muss euch der Neid lassen!‹«

Er lachte schallend, und ich stimmte, ein wenig verlegen, mit ein. Dann wurde er ernst, der Stammesfürst.

»So sehen sie uns, diese Engländer: Faul, dreckig, dumm sind wir Afrikaner – aber ganz große Tänzer. Fragst du nun, warum wir sie nicht mögen?«

Diese Geschichte machte mich sehr nachdenklich. So empfanden die Afrikaner also körperliche Züchtigung weniger beleidigend als die zur Schau gestellte kulturelle Überlegenheit, und das, obwohl die Afrikaner, die ich damals kennenlernte, ihre Kinder nicht schlugen. Solange niemand Land beanspruchte, gab es keine Probleme. Mir war dieses Problem der Erbstreitigkeiten von jedem zweiten Bauernhof auch in Mecklenburg bekannt, und der Mechanismus in

Afrika war offenbar ganz ähnlich. Wenn sich die Familien oder die jungen Leute mit den Häuptlingen überwarfen, dann trennte man sich eben und ging eigene Wege. So sind Gruppen von Menschen auf der Suche nach neuen Weideflächen weggezogen, nach Süden etwa, bis hinein nach Nordrhodesien. Nach Norden hin war das schwieriger, denn dort lebten die Massai, ein stolzes Kriegervolk mit wenig Toleranz für ungebetenen Besuch und geringem Interesse an einem guten Verhältnis zu ihren Nachbarn. Ich aber hörte mir das alles genau an und versuchte, daraus zu lernen. Auf einer Teeplantage ist es wichtig, zu seinen Angestellten ein gutes Verhältnis zu pflegen, aber sich dennoch die Achtung zu wahren und den nötigen Respekt. Wie kann ich die Leute motivieren, zur Arbeit zu erscheinen, fragte ich mich, und zwar möglichst pünktlich, und dann auch ordentlich zuzupacken? Ich machte es auf die Art der Afrikaner. Musste beispielsweise gerodet werden, dann sagte ich zu den Arbeitern: »Da drüben stehen zwei Rinder. Die schlachten wir für unser Mahl nach getaner Arbeit. Und hier sind drei große Fässer, darin werden wir Bier ansetzen. Wir wollen um 7 Uhr anfangen und hören pünktlich um 18 Uhr auf mit einer Mittagspause von zwei Stunden während der großen Hitze!«

Daraufhin kam der Dorfälteste zu mir und wollte alles ganz exakt wissen: Was genau getan werden musste, welche Werkzeuge vorhanden waren, vor allem aber interessierte ihn, wann denn der Bieranstich genau terminiert sei. Nachdem man sich geeinigt hatte, achtete der Älteste selbst darauf, dass gute Arbeit geleistet wurde, während ich stets mein Versprechen hielt. Die Regel lautete: Es wird länger gefeiert als gearbeitet. Unsere neue Teeplantage blühte in kürzester Zeit. Die Arbeiter waren zufrieden, und wir waren es auch.

In meinem zweiten Jahr erschien ein britischer Officer von der Regierung, ein Kolonialaufseher, der den Teeanbau und die Erntequoten überwachte. Die örtliche Teefarmervereinigung, eine Handelskooperation, natürlich fest in britischer Hand, nahm uns den Tee meist zu guten Preisen ab und verschiffte ihn nach England und ins übrige Europa. Wir waren eine der wenigen deutschen Teeplantagen, denn in der Tradition der indischen Plantagen war auch hier der Großteil der Teefarmer Engländer, während sich die Deutschen im ostafrikanischen Mandatsgebiet noch immer auf den Anbau von Kaffee konzentrierten. Und wir hatten gerade die Farm so weit aufgebaut, dass die ersten größeren Ernteerträge zu erwarten waren, als im September 1939 etwas geschah, was mein ganzes Leben in eine neue Richtung trieb: In Europa brach der Zweite Weltkrieg aus.

Ich befand mich gerade in Lupembe bei einem früheren Nachbarn meiner Chefin, um ihn zu vertreten, denn er wollte auf Heimaturlaub nach Deutschland fahren. Daraus wurde nichts: Ein britischer Offizier stürmte mit einigen Askaris die Plantage und verhaftete uns mit der Beruhigung, dass die Internierung nur vorübergehend geschehe. Mein Nachbar aber sagte nur: »K. v.«

»Hä?«, war meine verblüffte Nachfrage.

»K. v. – Kannste vergessen!«

Ich ahnte damals nicht, wie sehr er recht behalten sollte.

In Peters Windhoeker Wohnung, die ihm die Kirche stellte, war es chaotisch-gemütlich wie immer. Eigentlich wollte ich ihn abholen, damit er in gewohnter Kaffeehausumgebung weitererzählen sollte, doch ich fand ihn in intensivem Gespräch mit einem schwarzen Jugendlichen. Die beiden sprachen auf Oshivambo miteinander, der Sprache der Ovambo, und ich verstand natürlich kein Wort. Nur so viel war klar: Es ging um ein Handy, das heißt: um Peters Handy, dasselbe, das ich ihm von Deutschland mitgebracht hatte.

»Der Junge sagt«, übersetzte Peter schließlich mit einem Seufzen, »dass er das Handy dringender braucht als ich. Und weißt du was? Wahrscheinlich hat er recht.«

Nach ein paar weiteren Worten auf Oshivambo hellte sich die Miene des Jugendlichen auf. Er umarmte Peter und war auch schon verschwunden, samt Handy.

»Wer war das?«, fragte ich entgeistert. Ich hatte das Handy eigentlich nicht mitgebracht, damit es sofort seinen Besitzer wechselt.

»Ach«, sagte Peter, »einer meiner Großneffen.«

»Dein Großneffe?!«

Peter kratzte sich am Kopf. »Ja, einer aus meinem Ovamboclan. Wie genau er mit mir verwandt ist, kann ich dir nicht sagen. Aber das ist ja auch egal. Wollen wir los?«

Auf dem Weg zu »Woermann & Brock« versuchte ich, ein bisschen mehr aus Peter herauszukriegen. Was sollte das heißen, »mein Ovamboclan«?

»Warte es ab, mein lieber Junge«, lächelte Peter. »Ich erzähl dir das schon alles. Aber bitte, schön der Reihe nach. Im Augenblick bin ich doch noch in Tanganyka Territory, und dieser verdammte Krieg brach aus.«

4. Kapitel
Von Freunden und Feinden

Amicus certus in re incerta cernitur – Einen sicheren Freund erkennt man in unsicherer Lage.

Cicero, *De amicitia* 17,64

Mein Nachbar und ich wurden auf die Ladefläche eines umgebauten, unkaputtbaren Geländewagens verfrachtet, wo schon vier andere verhaftete Deutsche saßen, darunter ein Missionar.

»Gestatten«, stellte der sich vor, »mein Name ist Herrgott.«

Ich dachte, der will mich wohl zum Narren halten, aber er hieß tatsächlich so. Wir wurden beste Freunde. Sein Missionsassistent hieß Schulz, worauf ich ihm sagte: »Schulz – von denen haben wir hier einige. Um Verwechslungen zu vermeiden, nennen wir dich ab jetzt einfach ›den jungen Herrgott‹.« Gesagt, getan, auch wenn der junge Herrgott weniger verlässlich war als der alte: Er büchste bei nächster Gelegenheit mit fünf anderen aus dem Lager aus – Richtung Australien, wie ich später hörte.

Im Zwischenlager in Iringa ging es noch einigermaßen zivilisiert zu. Auch hier versicherte man uns, wir seien bald wieder daheim, denn ohne die Deutschen würde schließlich die ganze Landwirtschaft zusammenbrechen. Anscheinend ist das immer so bei Kriegen. Ein paar Unverbesserliche glauben fest daran, dass der ganze Spuk in ein paar Tagen vorüber sei! Doch ich war skeptisch. Für solcherlei Hoffnung kannte ich den Postkartenmaler aus Braunau am Inn zu gut. Mir war klar, der würde nicht Ruhe geben, bevor ganz Europa lichterloh brannte!

Und dennoch, ich konnte mein Pech kaum fassen. Wie konnte ich ausgerechnet mitten in Afrika in eine solch verrückte Situation geraten, und das als umfänglich dokumentierter Nichtarier! Schließlich hatte man mir in Hitlerdeutschland unmissverständlich zu verstehen gegeben, dass man auf einen wie mich gut und gerne verzichten konnte. Und nun internierten mich die Engländer in Ostafrika einzig aus dem Grund, weil ich Deutscher war. Eigentlich ein Treppenwitz! Und da darin eine gewisse Komik nicht zu verkennen war, lachte ich auch anfangs über diesen ganzen Schlamassel. Dass ich mit diesem Schicksal nicht allein dastand, erfuhr ich, als ich mich mit einem Tierarzt namens Dr. Cohen anfreundete, einem älteren Herrn, nach eigener Aussage Spezialist für Kleintiere, Nager und Schnapsleichen. Auch er verfügte über einen prächtigen Humor, doch das Lachen verging uns spätestens, als wir von Iringa nach Dar es Salaam überstellt wurden. Nicht nur das Wetter an der Küste wurde stürmischer, auch der Ton merklich schärfer. Plötzlich redeten die englischen Offiziere von uns Deutschen im Lager als »Fünfter Kolonne« und von der Unterwanderung durch die Nazis, von Spionen und Opportunisten. Wir waren knapp tausend Internierte, meist junge Leute wie ich, wenige waren älter als dreißig Jahre. Mehr Deutsche gab es in den Ländern, die heute Tansania, Uganda und Kenia heißen, damals nicht. Und wir sollten eine »echte Gefahr« darstellen?

Die Erkenntnis, dass die Briten offenbar genau das glaubten, kam schleichend. Bald war es uns nur noch zweimal im Monat erlaubt, Briefe zu schreiben. Als dann auch noch eigens ein deutscher Pastor als Gefängnisseelsorger seine Arbeit bei uns antrat, begriff ich, dass wir mit einer baldigen Entlassung nicht rechnen konnten. Das Ganze würde dauern. Wie lange? Niemand hatte eine Antwort darauf. In der Folge fiel ich in ein tiefes Loch, war zutiefst niedergeschlagen. Alles, was ich wollte, war in Freiheit leben, das tun, was ich am besten konnte, nämlich mit Menschen arbeiten, etwas aufbauen, zum Erblühen bringen. Genau deswegen war ich ja nach Afrika gekommen. Und jetzt saß ich für unbestimmte Zeit völlig sinnlos in einem Lager fest, ohne Perspektive, ohne echte Aufgabe, ohne Hoffnung. Aber was das Schlimmste war: Nun war ich inmitten Afrikas auf engstem Raum mit solchen Leuten zusammengepfercht, vor denen ich mit meinem Abgang aus Deutschland das Weite gesucht hatte: mit Nationalsozialisten schlimmster Couleur.

So richtig bewusst wurde mir das spätestens, als der neue deutsche Pastor seinen Dienst bei uns antrat. Es war an einem denkwürdigen 20. April 1940, als er vor uns trat, die Hand zum deutschen Gruß erhob mit den Worten:

»Heute ist der Geburtstag unseres geliebten Führers. Ich spreche darum zu euch nicht nur als Christ und Volksgenosse, sondern auch als Parteigenosse zu Parteigenossen. Und für eure Baracke hat meine Frau eigens ein Schild anfertigen lassen, das ich euch zum heutigen Ehrentag schenken möchte, nachdem ich hörte, dass der deutsche Gruß hier im Lager noch nicht üblich ist!«

Er nestelte an einem weißen Leinensack herum und zog – ich glaubte meinen Augen nicht zu trauen – ein eigens von ihm angefertigtes Emailleschild daraus hervor. Auf dem stand in altdeutschen, dunkelblauen Lettern der Spruch: »Kommst du als Deutscher hier herein, so soll dein Gruß

›Heil Hitler‹ sein.« Und, wahrscheinlich für die einfacheren Gemüter, denen das Lesen schwerfiel, darunter die Kurzfassung: »Du bist Deutscher – Dein Gruß: Heil Hitler.«

Ich konnte nicht anders, ich prustete laut los. Neben mir stand »der alte Herrgott«, der Missionar. Der schüttelte nur den Kopf: »Eine Parteiansprache als Sonntagspredigt mit ausgeschildertem Geburtstagsgeschenk. Dann können wir ja gehen.«

Wir verließen den Platz. Mit uns kamen zehn weitere, und die Engländer begannen zu ahnen, was die Stunde geschlagen hatte. Es dauerte nicht lange, und es gab eine Keilerei zwischen uns »Vaterlandsverrätern« und einigen 150-prozentigen Nazis, bei der wir uns wacker schlugen. Dann aber geschah etwas, wofür ich die Engländer ob ihrer Zielsicherheit nur bewundern konnte: Mit traumwandlerischer Sicherheit kassierten die Tommies nicht nur das Schild sofort ein, sondern griffen sich direkt die braunen Rädelsführer der Nazis im Camp. Noch am selben Tag wurden sie verlegt: nach Australien! Für den deutschen Nazipfarrer war dies die erste und letzte Predigt im Lager gewesen. Ich aber schloss mich von nun an meinen Mithäftlingen, den Missionaren, an, vor denen mein Respekt täglich wuchs.

Wir hatten viel Zeit für Unterhaltungen, und ich lernte, dass mich mit diesen Männern eine Menge verband. Sie waren, ähnlich wie ich, nach Afrika aufgebrochen aus einer Mischung aus Abenteuerlust, dem Wunsch, zu helfen und auf ihren Missionsstationen den Glauben zu verbreiten. Gemeinsam war uns auch die Neugier auf eine fremde Kultur, der wir mit Respekt begegneten und nicht mit jener hochmütigen Überlegenheit wie viele Plantagenbesitzer.

»Wir sehen unsere schwarze Gemeinde als ebenbürtig an«, erklärte mir der »alte Herrgott«, »es gibt keinen

Grund, uns für etwas Besseres zu halten. Wir sind hier in Afrika die Gäste und können von den Menschen hier eine Menge lernen.«

Das war imponierend, schließlich war es mir genauso ergangen. Und mir wurde bewusst, dass mir das bei meiner Arbeit am meisten Freude bereitet hatte: unsere Wünsche mit den Gegebenheiten vor Ort in Einklang zu bringen, und für uns alle, Weiße wie Schwarze, etwas Gutes zustande zu bringen. Wenn einer der internierten weißen Farmer uns etwas von »höheren und niederen Kulturstufen« erzählen wollte, so zogen »der alte Herrgott« und seine Missionskollegen kritisch die Augenbrauen zusammen. Von den mit uns internierten Juristen hingegen stellte kaum jemand die Rolle der Weißen in Afrika infrage – auch dies offenbar ein Berufsstand, der manchen Schreibtischtäter anzog und Menschen, die Befehlen »von oben« kritiklos folgten! Alles Gute kommt von oben, was? Unter solchen Menschen fühlte ich mich auch mitten in Afrika wie in Hitlerdeutschland.

Fast alle Missionare dagegen beherrschten die Sprachen der Einheimischen. Und von ihnen konnte ich, der ich mich auch bereits ganz gut mit einigen Stämmen verständigen konnte, noch eine Menge lernen. »Negerfreunde« wurden wir daher von vielen genannt. Doch das störte uns nicht. Es tat mir unendlich wohl zu sehen, dass meine Missionarsfreunde auch in Gefangenschaft ihr eigenes Denken nicht einstellten oder gar verrohten. Ich brauchte mich nur umzusehen, um festzustellen, dass Verrohung und moralische Abstumpfung schneller um sich griffen, als ich es mir je hätte vorstellen können. Wenn man die Zeit Tag für Tag irgendwie herumkriegen muss, ohne etwas Sinnvolles tun zu können, verblödet der Mensch schnell und wird aggressiv. Das, so nahm ich mir vor, durfte mir auf gar keinen Fall passieren. Darum schloss ich mich meinen neuen Freunden nur zu gerne an, einer Gruppe von Theologen und Missionaren, die aus Glaubensgründen gegen den Nationalsozialismus waren und damit fast jeden Tag im Clinch mit den Freunden des Braunauer Postkartenmalers und selbsternannten größten Schlachtenlenkers aller Zeiten lagen.

Nächtelang saßen wir wach und diskutierten. Auch wenn die Wachen das mitbekamen, ließen sie unser »christliches Teekränzchen«, das wir platonisch hochgestochen »Symposion« nannten, in Ruhe. Ja, die Engländer kannten ihre Pappenheimer nur zu genau. Bei unseren Zusammenkünften ging es zunächst einmal um alle möglichen Sprachen, die hier im Lager vertreten waren. Denn unser Internierungslager war ja so etwas wie eine afrikanische Außenstelle der Stadt Babel aus dem Alten Testament, nur dass hier zu nah am Stacheldraht keine hohen Türme gebaut werden durften. So wurde die Zeit von uns sinnvoll mit Sprachenlernen und theologischen Studien gefüllt – halleluja!

Besonders interessierte mich in unseren Debatten die Kirchengeschichte, denn je länger ich mich mit der Vergangenheit beschäftigte, desto klarer wurde mir, dass Politik für den Glauben schon seit alters her ein Störfaktor war. Dasselbe galt natürlich auch umgekehrt. Der Grund war einfach: Glaube beschäftigt sich mit Wahrheiten, und die sind nicht verhandelbar wie Teepreise! Da gab es Leute, die davon sprachen, wie die Weltreligionen den eigenen Wahrheitsanspruch zurückstellen und sich lieber ethisch auf einen kleinsten gemeinsamen Nenner einigen sollten, und die das sagten, waren selbst meist nicht besonders religiös. Doch ich war ein freier Christenmensch und wollte und konnte die Wahrheit meines Glaubens nicht unterpflügen – und genau dies mochte ich auch keinem Hindu oder Muslim zumuten. Konnte es sein, dass in der mangelnden Toleranz zwischen den unterschiedlichen Glaubensrichtungen genau wie in jeder verabsolutierenden Ideologie die Ursache für Krieg und ähnlichen Ärger lag? Beide erhoben letztlich Anspruch auf den ganzen Menschen. Nur entdeckte ich qualitativ einen wichtigen Unterschied: Jesus von Nazareth und seine Jünger waren Menschenfischer, die Menschen liebten, während Hitler oder Stalin gnadenlose Rattenfänger waren.

Eines Nachts, als ich schlaflos auf meiner Pritsche lag, erinnerte ich mich an die Gottesdienste in der Kirche der Potsdamer Kadettenanstalt. Da hatte ich oft gesessen und mich gefragt: »Wenn ›Gott mit uns‹ bei unseren Soldaten auf dem Koppelschloss steht, wie verhält es sich denn dann mit den Soldaten des Feindes? Warum sollte Gott denn nicht auch mit denen sein?«

Das führte dazu, dass ich im zarten Alter von dreizehn Jahren dem Oberleutnant in Potsdam als Eingabe den Vorschlag schickte, den Text auf den Koppelschlössern der Reichswehr in »Pro patria« zu ändern. Eine Stunde später stand ich deswegen im Büro des gestrengen Oberhofpredigers Dr. Dr. Reiche und dachte, er sei ein Stotterer, als er sich mit seinem vollen Titel vorstellte! Und wieder eine Stunde später ging es als Ergebnis dieses Gespräches wegen »altkluger Überheblichkeit« in den berüchtigten Karzer der Kadettenanstalt. Danach verkniff ich mir das mit den Eingaben ein für alle Mal, doch ausgerechnet hier, im Internierungslager in Ostafrika, kamen diese alten Geschichten um die Grundfragen der Menschheit im »Symposion« wieder hoch. Damals ahnte ich natürlich nicht, wohin mich dieses neu erwachte Interesse eines Tages führen würde. Tatsächlich ist es so, dass in diesen Gesprächen die eigentlichen Wurzeln meiner späteren Berufung zum pastoralen Menschenfischer sacht zu wachsen begannen. Es sollte Jahre dauern, bis sie Früchte trugen.

Nach einigen Monaten in Dar es Salaam wurden wir neu sortiert. Einige Gefangene kamen quasi über Nacht in ein anderes Internierungscamp, unter ihnen auch mein guter Freund, der alte Tierarzt Dr. Cohen. Der verabschiedete sich eines Tages traurig mit den Worten:

»Ich muss jetzt in ein anderes Lager.«

»Ja, um Himmels willen, warum denn das?«, fragte ich entsetzt.

»Ich bin doch Nichtarier«, antwortete der alte Tierarzt.

»Aber das bin ich doch auch«, erwiderte ich verwirrt.

Da erzählte mir Dr. Cohen, dass einige Juden von den Parteigenossen im Camp zusammengeschlagen und übel zugerichtet worden waren, und das sei den Engländern zu heiß geworden – daher die Verlegung. Mir schoss der Zorn ins Gesicht. Auf direktem Weg begab ich mich zur Lagerleitung.

»Hab ich denn jetzt auch mit Prügeln zu rechnen«, erkundigte ich mich erbost, »wenn ich hier bleibe?«

»Wenn Sie in ein anderes Lager wollen«, war die mürrische Antwort, »müssen Sie mit Vertretern des Roten Kreuzes sprechen.«

Gesagt, getan. Keine zwei Stunden später stand ich vor einem Schweizer, um die fünfzig, schütteres Haar. Ein unscheinbarer Mann, der aussah wie einer der legendären Gnome der Banken in der Zürcher Bahnhofstraße und sich einerseits diplomatisch glattgeschliffen wie Eierkohle und andererseits so bürokratisch gebärdete, wie nur das Rote Kreuz sein konnte. Dieser Gnom fragte mich, ob ich denn im Lager schon einmal verprügelt worden sei.

»Hör'n Se mal«, erwiderte ich entrüstet, »ich lass mich doch von niemandem verprügeln.«

Darauf der vom Roten Kreuz mit tiefem, milchglasigem Blick:

»Leiden Sie hier?«

»Nö«, meinte ich, »ist halt nur ein bisschen ungemütlich mit fünfundzwanzig Mann auf der Stube. Davon drei ›PGs‹, Parteigenossen, die wir allabendlich auf die Schippe nehmen. Aber warum sollte ich da leiden? Mein Problem ist nach dem Gespräch mit unserem alten, sehr begabten und nichtarischen Tierarzt Dr. Cohen ein ganz anderes, werter Herr, ein prinzipielles: Ich bin gegen das Nazisystem. Und wenn ich das richtig verstanden habe, wird der Krieg gegen die Nazis und nicht gegen alle Deutschen geführt. Korrekt?«

»Das stimmt!«, bestätigte der Bürokrat.

»Genau«, fügte ich hinzu. »Und darum verstehe ich nicht, warum ich als Internierungslagerhäftling meine Tage mit Parteigenossen verbringe und so behandelt werde wie ein Nazi. Oder warum der Tierarzt verlegt wird und nicht die Nazis. Wegen denen habe ich doch Deutschland verlassen!«

Da fiel dem Gnom zunächst mal keine Antwort ein. Ich aber war noch nicht fertig:

»Und noch eine Frage, die mich seit Langem beschäftigt: Ich bin doch britischer Staatsbürger als Mandatsbürger und rechtlich betrachtet *permanent resident* hier in Tanganjika. Warum halten Sie mich dann fest?«

»Nein«, sagte der Mann vom Roten Kreuz, »stimmt leider nicht. Sie dürfen im Mandatsgebiet leben. Um aber britischer Staatsbürger zu werden, müssten Sie sich in einer britischen Kolonie wie etwa Kenia oder Uganda befinden.«

»Ach«, brauste ich auf, »das ist doch alles dünnes Zeug. Aus Kenia brachten die Tommies einen ganzen Haufen Kenia-Deutsche in unser Lager nach Dar es Salaam.«

Der Rot-Kreuz-Mann blieb stoisch.

»Stimmt, nur sind das eben Doppelstaatler oder Deutsche. Und die Briten haben angeordnet, dass alle Deutschsprechenden und mit deutschen Papieren interniert werden, weil man schließlich nicht wisse, ob das Nationalsozialisten sind oder nicht.«

Ich ließ nicht locker.

»Bei den deutschen Juden im Mandat ist es aber, nun ja, sagen wir: eher unwahrscheinlich, dass das Nazis sind. Denn die unterstützen doch wohl nicht Tausende Kilometer fern der Heimat eine Nazipartei, die ihnen in Deutschland die Synagogen anzündet und noch viel schönere, größere Konzentrationslager baut als unsere hier?«

»Tut mir leid«, wand sich der Schweizer, glatt wie ein Aal, »nicht mein Bereich, beschweren sie sich beim *Colonial Office* in London. Und mit den Konzentrationslagern, woher wissen Sie das überhaupt? Ich empfehle Ihnen, sprechen Sie über so was nicht so laut hier.«

Ende der Debatte. Nie wieder hörte ich irgendetwas vom Roten Kreuz – ebenso wenig wie vom Tierarzt Dr. Cohen.

»Hier«, sagte der Gnom zum Abschied und kam sich wahrscheinlich großmütig vor, »hier haben Sie ein Neues Testament.«

»Danke«, sagte ich, »aber ich hab schon eines. Behalten Sie es für sich, vielleicht mal eine nützliche Lektüre, wer weiß.«

Aus den spärlichen Nachrichten, die ab 1940 ins Lager tröpfelten, entnahm ich, dass es für den Postkartenmaler zunächst noch gut lief. Das sorgte dafür, dass auch die Diskussionen im Bibelkreis mit den Missionaren immer politischer wurden. »Was passiert, wenn die Nazis den Krieg gewinnen?« war die brennende Frage. »Kommen die dann zurück in ihre alten deutschen Kolonien und machen *tabula rasa?*« Die alten Weltkriegsoffiziere im Lager und die jungen PGs verteilten schon mal vorsorglich die Spitzenämter im neuen Deutsch-Ostafrika, vom Gouverneur bis zum Postminister, und alles wurde akribisch auf Listen festgehalten! Natürlich waren die Engländer über ihre Spitzel schlau genug, sich diese Listen zu organisieren. Damit ersparten sie sich die Entnazifizierung des Lagers, denn ein künftiger Postminister von Nazideutsch-Ostafrika mit dem seltenen Namen Schulz konnte schlecht behaupten, er sei schon immer anglophil gewesen. Die Stimmung im Lager wurde gefährlicher. Als schließlich noch die Italiener in den Krieg eintraten, fielen Mussolini-Anhänger und -Gegner übereinander her mit dem Ergebnis, dass eines Morgens ein Kopf in der Latrine gefunden wurde.

Nach diesem Vorfall war das Maß voll. Das ganze Lager wurde bestraft: weder Alkohol noch Tabak, keine Post für zwei Monate. Alkohol konnte ich entbehren, ohne Tabak war es schon schwieriger, aber eine echte Schweinerei war die zweimonatige Postsperre. Das war eine typisch englische Strafe, eine von der Art, die die Schwarzen so aufbrachte – viel schlimmer als dreißig Schläge, ich musste ihnen völlig recht geben. Denn tatsächlich war es die Erwartung der Briefe meiner Eltern und Geschwister, die mir die langen Tage kürzer und erträglicher machte. Kam Post, dann waren das Nachrichten aus Deutschland. Die Briefe meines Bruders Klaus waren von deutscher als auch von englischer Seite zensiert. Nie konnte ich mir ein vollständiges Bild von den Verhältnissen in Deutschland und vom Befinden meines Bruders machen, wenn der halbe Brief geschwärzt war. Nur die Auskunft, wer von unserer Familie im KZ gelandet war, hatte bemerkenswerterweise niemand zensiert. Viele meiner Tanten waren in Theresienstadt, Onkel Wolf spurlos verschwunden!

Und nun: Nach der Geschichte mit dem ermordeten Italiener in der Latrine war Schluss mit neuen Nachrichten. Sendeschluss – Postsperre. Doch wenn ich geglaubt hatte, ich hätte den Höhepunkt meiner Leiden erreicht, täuschte ich mich. Es sollte noch schlimmer kommen.

Anfang 1941 kam es zu einem unerhörten Zwischenfall. Jeden dritten Morgen stand Schwimmen für uns Häftlinge auf dem Programm. Dafür brachte man uns zur Bucht von Dar es Salaam. Eines schönen Tages lag ein Wasserflugzeug etwas weiter draußen in der Bucht. Bei einer unserer Schwimmstunden hörte ich gerade noch in breitestem Sächsisch: »Nu, mach hinne!«, und schon war der erste Tatbestand erfüllt: unerlaubtes Entfernen von der Truppe. Zwei Sachsen tauchten unter dem Stacheldraht hindurch und näherten sich behände einem Boot. Kurz darauf kaperten es die beiden und zwangen seine schwarzen Bootsleute, sie zum Flugzeug überzusetzen, das draußen an der Boje lag. Während das alles vor sich ging, saß ich neben dem früheren Bezirkshauptmann von Dar es Salaam, dem ausgewiesenem Strafrechtler Dr. Brett, der exklusiv für mich die weiteren Ereignisse juristisch kenntnisreich wie ein Stadionsprecher kommentierte. Mit dem Entern des Bootes hagelte es bei Dr. Brett bereits die ersten Tatbestände: »Entführung, Geiselnahme und Freiheitsberaubung.« Am Flugzeug angekommen warfen die Sachsen den Außenbordmotor ins Wasser, damit die Schwarzen nicht so schnell das Land erreichen konnten, um die Polizei zu informieren. »Tatbestand schwere Sachbeschädigung und Diebstahl vollendet«, verkündete Dr. Brett. Die Deutschen bestiegen das Flugzeug, und das Boot trieb ohne Ruder und Motor auf den Minengürtel vor der Bucht zu, der Dar es Salaam vor ungebetenem Besuch sichern sollte. Juristisch wurde es jetzt ganz finster: »Versuchter Totschlag, locker zehn Jahre Haft«, schnarrte Dr. Brett. Der damit zusammenhängende Landfriedensbruch und die versuchte Störung des Luftverkehrs sowie Fliegen ohne Flugerlaubnis seien da eher Kavaliersdelikte, die auf das ohnehin hohe Strafmaß prozessual keine Auswirkungen mehr haben dürften, meinte der Strafrechtler lakonisch.

Bevor sie überhaupt den Motor anlassen konnten, wurden die Sachsen geschnappt und fanden sich im Hochsicherheitstrakt als Kriegsverbrecher wieder, schon wegen der Sache mit den Minen. An dem Tag feierte der Jurist Dr. Brett sein inneres Missionsfest – vierzehn verschiedene Gesetzesbrüche an einem einzigen Tag! Das war mehr als in seiner fünfstündigen strafrechtlichen Examensklausur! Für uns aber, Brett inbegriffen, gab es keinen Grund zum Jubel. Nach bester englischer Manier verpassten sie uns die übliche Kollektivstrafe: vier Monate weder Schnaps, Zigaretten noch Post. Tatsächlich sollte ich das volle »Strafmaß« nicht mehr ausbaden müssen. Denn wie so oft in meinem Leben kamen mir historische Ereignisse in die Quere, die bestimmten, wohin der Wind mich als Nächstes trug. Und auch der deutschnationale Schattenpostminister von Ostafrika sollte nie sein Amt antreten.

5. Kapitel

Spielball der Politik

Wir lagen vor Madagaskar und hatten die Pest an Bord. In den Kesseln faulte das Wasser, und täglich ging einer über Bord.

Just Scheu, im gleichnamigen Schlager
aus dem Jahre 1934

Nach Kriegseintritt der Italiener und Amerikaner wurden wir alle in einer Nacht- und Nebelaktion auf einen Dampfer verfrachtet. Erst nach drei Tagen auf See erfuhren wir das Ziel unserer Reise. Zunächst ging es Richtung Sansibar und dann weiter nach Durban. Leider war die Fahrt auf diesem südafrikanischen Seelenverkäufer weit weniger angenehm als meine Überfahrt mit der »Nyassa« wenige Jahre zuvor. Das Boot war total überfüllt, und im Gedränge zeigte sich sofort echte menschliche Größe, wenn die Ersten nur noch nach dem Omnibusprinzip lebten: »Ich bin drin, jetzt ist voll.« Wer dann nicht »drin« oder schnell genug war, der bekam halt nichts mehr zu essen oder keinen Schlafplatz. Nach Wochen auf See dann endlich die Ankunft in der südafrikanischen Hafenstadt Durban. Dort wurden wir für die erste Nacht in enge Gefängniszellen gesperrt.

In dieser ersten kalten Nacht wieder an Land, in der ich kein Auge zumachte, musste ich an meinen Bruder Klaus und eine Situation vor vielen Jahren denken, als wir noch

Kinder waren. Wir hatten Stubenarrest, und genau wie jetzt in Durban hatten wir zunächst versucht, uns die Lage schönzureden. Ich hörte Kläuschen wieder sagen: »Stubenarrest ist eigentlich ganz gut. Kannste wenigstens kein Geld ausgeben.« Darauf ich: »Mit deiner Logik ist Gefängnis noch besser, denn da kannste gar nichts mehr falsch machen.«

Ich musste schmunzeln, als ich an unser gemütliches Bett zu Hause in Berlin-Steglitz dachte und unsere neunmalklugen Reden. Und doch ging es mir heute noch ganz genauso: Mir wurde langsam alles egal.

Doch ausgerechnet da erreichte mich ein offenbar unzensierter Brief meines Bruders, der mir das Herz erwärmte und mich wieder neue Hoffnung schöpfen ließ. Ich las diese unglaubliche Geschichte wieder und wieder und konnte gar nicht genug von ihr bekommen. Mein Bruder war in Anknüpfung an unsere Jugendleidenschaft fürs Segelfliegen während des Krieges Flugbeobachter und aus Personalmangel dann Jagdflieger geworden. Eines Tages wurde er über den Linien im Niemandsland zwischen Deutschen und Russen abgeschossen. Im letzten Moment öffnete sich der Fallschirm, und Kläuschen strandete unversehrt auf einem schmalen Streifen zwischen Freund und Feind. Unserem Vater wurde der Abschuss gemeldet und mitgeteilt, dass Klaus gefallen sei. »Das ist nun mal so im Krieg«, soll der Alte stoisch geantwortet haben. Aber die Rote Armee war schneller, Klaus wurde gefangen genommen und in einen Zug Richtung Sibirien verfrachtet. Der Zug war kaum losgefahren, als Kläuschen die Toilette suchte. Auf dem Weg dorthin stieß er auf ein Türchen, hinter dem eine Leiter zu dem Bremserhäuschen führte. Und siehe da: Er fand dort eine komplette Rote-Armee-Uniform. Flugs zog er die an, wurde im nächsten Waggon ehrfürchtig gegrüßt und verließ bei nächster Gelegenheit den Zug samt seinem sibirischen Schicksal. Klaus schlug sich recht schnell zu den deutschen Linien durch, denn der Zug war noch nicht lange unterwegs gewesen. Dort wurde er sofort gefangen genommen – welch eigentümliche Parallele zu meiner paradoxen Situation als Deutscher mit jüdischen Wurzeln in Ostafrika! Denn Klaus wäre auch nicht der erste Deutsche gewesen, der für die Gegenseite, in seinem Fall für die Rote Armee, kämpfte und von den eigenen Leuten inhaftiert wurde. In der deutschen Haft überzeugte er jedoch den ihn bewachenden Gefreiten, Kontakt zu Klaus' altem Hauptmann aufzunehmen, den dieser zufällig kannte. Der könne die Geschichte mit dem Abschuss bestätigen, und so kam es dann auch. Und so war es möglich, dass mir Klaus diesen Brief, aus dem ich all dies wahrhaft Wunderbare erfuhr, aus der wiedergewonneenn Freiheit schreiben konnte. Das machte mir Hoffnung, selbst bald freizukommen. So schnell kann ein einziger Brief die Stimmung eines Gefangenen wenden!

In Viehwaggons und leider ohne Zugtoilette und Militäruniform ging es für mich von der Hafenstadt Durban weiter nach Johannesburg ins Lager Leeukop, in dem neben südafrikanischen Kriegsdienstverweigerern vor allem Kriminelle interniert waren. Italiener kamen dort zu Italienern, und wir Deutsche blieben in drei Kompanien unter uns. Wenige Tage später kam ich mit der ersten und zweiten Kompanie weiter in ein neues Lager, Baviaanspoort. Auf den Fahrten dorthin presste ich mein Gesicht gegen die schmalen Ritzen des Eisenbahnwaggons, um von diesem neuen Land so viel wie möglich zu erhaschen. Was ich aber durch diese Schlüssellochperspektive vom östlichen Teil des Landes, von Natal und dem Oranjefreistaat, zu sehen bekam, gefiel mir gar nicht. Vom Krüger-Nationalpark oder den berühmten

Drakensbergen sah ich nichts, dafür umso mehr von Minenstädten und gottverlassenen Dörfern in der Einöde. Dies war nicht das Afrika, das ich kennen- und lieben gelernt hatte.

Auch mein neues Lager in Baviaanspoort, übersetzt hieß das »Pavianshafen«, war nicht gerade das Berliner »Adlon«. Wir waren in einer ehemaligen Trinkerheilanstalt untergebracht. Die theologische Lagerelite war in der dritten Kompanie und damit in ein anderes Lager eingewiesen worden als ich. Schluss also mit den christlichen Teekränzchen, den Gesprächen im »Symposion« und politischen Frühschoppen mit heimlich gebrautem Bier. Dies war natürlich kein Pilsener gewesen, sondern im besten, wörtlichen Sinne englisches »Lager« als Hommage an unsere britischen Gastgeber. Das wär's doch gewesen: heimlich gebrautes Bier in einer ehemaligen Trinkerheilanstalt! Getrennt von meinen Missionarsfreunden traf ich nun in Baviaansport auf deutsche Südafrikaner und zum ersten Mal auch auf Südwestafrikaner aus dem Nama- und Hereroland. Die unterhielten mich tagelang mit ihren Helden- und Jagdgeschichten aus der Zeit der Deutschen Schutztruppe, die die Kolonie von 1884 bis 1915 fest im Griff hatte.

Geschichte hatte mich schon immer interessiert, und ich hörte aufmerksam zu. Was ich an deutscher Kolonialgeschichte faszinierend fand, war die Tatsache, wie einfach es dem Eisernen Kanzler damals von den Engländern gemacht wurde, riesige Ländereien über Nacht zum Teil des Deutschen Reiches zu machen. Im Fall Südwestafrikas kam da mehr oder minder zufällig ein Bremer Kaufmann namens Adolf Lüderitz in die Gegend des Oranjeflusses, wohin es bisher nur einige versprengte rheinische Missionare verschlagen hatten. Dieser Lüderitz bat Otto von Bismarck, der es zunächst gar nicht so mit Kolonien hatte, einfach das ganze Land unter deutsche »Schutzherrschaft« zu stellen, weil der Bremer Kaufmann dort groß angelegte Geschäfte machen wollte. Die Engländer saßen bereits östlich davon in Betchuanaland, heute Botswana, hatten aber das Grenzland zu Südafrika und die Atlantikküste unterhalb von Portugiesisch-Angola offenbar bei ihrer Landnahme vergessen. Und schnurstracks wurde 1884 am Strand von Angra Pequeña die deutsche Flagge in den Sand gesteckt, die kaiserliche Hymne gespielt und das Ganze in »Lüderitzbucht« umbenannt. Damit hatte Deutschland seine erste Kolonie, ohne einen einzigen Schuss abgefeuert zu haben – bis auf die zwanzig Schuss Salut für den Kaiser natürlich. So einfach war das damals!

Wenn die Südwester davon im Lager erzählten, leuchteten ihre Augen. Dennoch, das Kolonisieren der ersten Generation durfte man sich nicht zu grandios vorstellen. Bis 1890 gab es ganze drei deutsche Verwaltungsbeamte im Schutzgebiet, unter ihnen Heinrich Göring, der Vater von Hermann Göring. Nur wenige Soldaten waren stationiert, bis 1904 die Hereros meuterten und 123 deutsche Siedler über Nacht und ohne Ankündigung ins Jenseits beförderten. Das war ein echter Schock für das Deutsche Reich, und darum landeten schon wenige Wochen später die ersten größeren Einheiten der deutschen Kriegsmarine in Swakopmund, die im gleichen Jahr, am 11. August 1904, am Waterberg das Volk der Herero »ausradierten«, wie es martialisch in deutschen Zeitungen hieß. »In die Wüste treiben und verdursten lassen« hätte weniger heldenhaft geklungen, aber so funktioniert Propaganda eben, und die Wahrheit stirbt im Krieg zuerst. Mich machte das immer wütend, denn was ist schon Heldenhaftes daran, mit einer Übermacht und modernen Waffen gegen Männer mit alten Karabiner, Stöcken und

Macheten vorzugehen? Ich war mit preußischem Ehrgefühl aufgewachsen, und da benimmt man sich nicht so, dass man Frauen und Kinder in die Wüste treibt und dort an Durst krepieren lässt! Schließlich waren diese Menschen im Hereroland zu Hause und die Weißen, wo immer sie auch herkamen, die Eindringlinge. Doch ich schwieg und hörte mir alles aufmerksam an.

Kurz nach der Schlacht am Waterberg wurde dann auch der Aufstand der Nama und ihres Führers Hendrik Witbooi im Süden des Landes niedergeschlagen. 1908 fand man die ersten Diamanten im großen Stil, doch mehr dazu später.

Es kam, wie es kommen musste: Bis 1914 lebten in Südwestafrika mehr Deutsche als in allen anderen deutschen Kolonien zusammen. Togo, Kamerun oder der Kaiser-Wilhelm-Archipel waren im Vergleich dazu Nebenkriegsschauplätze, nur Deutsch-Ostafrika konnte einigermaßen mithalten. Die klitzekleine Südseekolonie Samoa hingegen vollbrachte 1910 das Kunststück, Deutschland als größten Kokosnussproduzenten der Welt an die Spitze der Welthandelsstatistik zu katapultieren. Bis heute erkennt der Besucher West-Samoas die dortigen, zu deutschen Kolonialzeiten angelegten Palmenhaine eindeutig daran, dass die Palmen der Deutschen nicht wie anderswo ungeordnet, sondern ganz genau in Reih und Glied gepflanzt wurden. Aus Bewunderung für diese agrikulturelle Glanztat schaffte es der deutsche Ausdruck »Ordnung muss sein« in die samoanische Sprache. Und nicht nur das: Ein *Deputy Prime Minister* von West-Samoa hieß bis 2011 mit Nachnamen »Retzlaff« und mit Vornamen tatsächlich »Telefoni«, weil sein Großvater, der Postmeister Erich Retzlaff aus Stettin, 1902 die ersten zehn Telefone in Samoa installiert hatte. Mit den Vornamen ist es auf der Südseeinsel ohnehin so eine Sache. So gab ein Pastor seinen drei Söhnen die

Vornamen »Paul Tillich«, »Karl Barth« und »Dietrich Bonhoeffer«, weil er diese deutschen Theologen auf dem Predigerseminar immer so bewundert hatte. Der Nachname vom samoanischen »Paul Tillich« war »Faletolu«. Auf die Frage an denselben Pfarrer, ob es noch weitere deutsche Namen in seiner Familie gebe, antwortete der Samoaner wie aus der Pistole geschossen: »Klar, mein Vetter heißt ›Bismarck‹.«

Lass mich ein bisschen erzählen, was ich später im Laufe meines langen Lebens bei meinen Ausflügen in alle möglichen Archive alles herausfand. Du weißt, wie gerne ich Akten durchstöbere, und die Bauämter in den deutschen Kolonien bergen unglaubliche Schätze. So erfuhr ich, dass man auch in Deutsch-Südwestafrika von Anfang an eine sichtbare Schwäche für das Post- und Telefonwesen hatte. Während die Engländer als erste Gebäude in ihren Kolonien meist eine Kirche und eine Schule bauten, begannen die Deutschen mit einem Postamt, einem Bahnhof und einer Brauerei. Und in Togo bauten die Deutschen mehr Gefängnisse als Schulen. Selbst die Anzahl der Schläge, zu denen Herero oder Nama nach dem Hererokrieg 1904 von Kolonialgerichten verurteilt wurden, listeten die deutschen Gerichtsakten genau auf. Ordnung muss eben sein!

Glücklicherweise war ja dann das ganze deutsche Kolonialabenteuer mit dem »Schanddiktat von Versailles« 1919 zu Ende, denn die Sieger des Ersten Weltkriegs teilten die deutschen Kolonien unter sich auf. Damit entfielen alle deutschen Kolonien, aber viele der Südwesterdeutschen kamen nach ihrer Internierung zurück. Die weißen »Südwester«, wie sie sich selbst gerne nannten, bildeten im südlichen Afrika ein ganz eigenes Völkchen, und dieses Völkchen konnte ich damals im südafrikanischen Internierungslager genauestens studieren. Schon allein, wie die sprachen! Ihr

Deutsch war eine sonderbare Mischung aus Deutsch, Englisch und Afrikaans. Aus der deutschen »Straße« wurde eine »Pad«, aus dem trockenen Flussbett ein »Rivier«, und besonders putzig fand ich, wenn ein Südwester auf etwas Überraschendes, das man ihm gerade erzählt hatte, mit der Nachfrage »Ist das?« reagierte – in offensichtlicher Anlehnung an die englische Wendung »Is it?«.

Doch wenn die Südwester von der Schönheit des Landes am Wendekreis des Steinbocks erzählten, vom Kameldornbaum und von Giraffen, dem Wüstensand der Namib und vom Rauschen des Atlantik, dann war ich trotz aller Potsdamer Sprachästhetik bereit, ihnen ihr eigenwilliges Deutsch zu verzeihen. Klare Sternennächte in der Wüste und Weiten, die so ganz anders waren als das grüne Ostafrika! ›Da möchte ich auch einmal hin‹, dachte ich und träumte mich aus der ernüchternden Lagerrealität hinaus ins Weite.

Und das Träumen hatte ich auch bitter nötig, denn je weiter der Zweite Weltkrieg voranschritt, desto aufgeladener wurde die Stimmung im Lager. Aus purer Langeweile gründete ich eines Tages eine »Vereinigung der plattfüßigen Nazigegner«. Wie es zu diesem ungewöhnlichen Namen kam?

Eines Morgens blieb ich vor der Baracke eines Südwesterdeutschen stehen, der schon allein aufgrund seines enormen Leibesumfangs aussah wie ein Parteigenosse. Und in der Tat war es der ehemalige Chef der ältesten Auslandsvertretung der NDSAP in Übersee, der »nationalsozialistischen Kameradschaft Windhoek«.

›Ein Wunder, dass sie den noch nicht eingebuchtet haben‹, dachte ich. ›In Berlin wäre das einer von denen gewesen, die sich 1938 auf das Einschlagen von Synagogenfenstern spezialisiert hatten.‹

Kaum war ich fertig mit meinen Gedanken, als mich der Dicke auch schon anherrschte: »So, Moses, dann nimm mal ganz fix deine dreckigen jüdischen Plattfüße hier weg. Hier sind nur anständige Deutsche untergebracht.«

»Ist das?«, gab ich forsch zur Antwort und stampfte dem Kerl mit meinen »dreckigen jüdischen Plattfüßen« einmal ordentlich auf die Haxen.

»Pass bloß auf, Israel, das gibt noch Ärger für dich!«, hörte ich umstehende Parteigenossen halbherzig murmeln, ohne allerdings ihrem dicken Kameraden beizuspringen.

»Das sagten die von der Hitlerjugend auch immer vorm Potsdamer Kino«, gab ich zurück. »Am Ende hatte ich dann drei von eurer Sorte umgehauen, ihnen drei nicht jugendfreie Kinokarten abgenommen und drei blaue Augen verpasst. *So long*!«

Während ich auf Rache wartete, die allerdings ausblieb, gründete ich flugs meine plattfüßige Gegenorganisation. Bis Stalingrad gehörten ihr im Lager von 4000 Leuten nur knapp zwanzig an, nach 1942 auf einmal 120, Anfang 1943 gab es sage und schreibe vierhundert Plattfüßler, und mit dem Vorrücken der Front Richtung Deutschland wollte auf einmal keiner mehr im Lager Nazi gewesen sein. Den Dicken traf ich erst zwanzig Jahre später in Südwestafrika als Bäcker wieder. Da buk dieser Kerl in einem südwestafrikanischen Dorf namens Omaruru jeden 20. April zu Führers Geburtstag tatsächlich Hakenkreuzbrötchen mit Mohn *und* Sesam. Aber das ist wieder eine andere Geschichte.

Nach Ende des Krieges wurden wir nicht etwa sofort entlassen, nein, aus unserem Bavianspoort wurde das »Kamp Zentraal«, also das Zentrale Lager von ganz Südafrika, und es trug nun die sehr doppelbödige Chiffre »KZ«. Nur »Arbeit macht frei« hätten die Südafrikaner offenbar vergessen, lästerte so mancher Deutscher. Wieder Stacheldraht, obwohl der Krieg doch nun vorüber war! Im Sommer 1945 kam endlich Bewegung in die ganze Sache, und man verfrachtete uns alle nach Südrhodesien, das spätere Rhodesien/Zimbabwe, wo wir unter zwei Bedingungen endlich aus der Internierung entlassen wurden: Erstens, Finger weg von jeder politischen Agitation, und zweitens, keinerlei kriminelle Handlungen. Die Kombination beider Auflagen brachte mich zum Schmunzeln – Halbwelt und Politik lagen also auch im südlichen Afrika nicht so weit auseinander.

Keine zwei Tage nach meiner Entlassung hatte ich eine neue Anstellung. Meine Erfahrungen als Tropenlandwirt und Bridgespieler, die ich am Nyassa-See hatte sammeln können, verhalfen mir zu einer Stelle als Landverwalter bei der »Rhodesia Gold Fields Co Ltd.«, wo ich zum Lucerneanbau für zwei Jahre angeworben wurde, einer so guten wie genügsamen Futterpflanze.

Und dann hieß es 1947 plötzlich: Nun könnt ihr zurück nach Deutschland. Mir gefiel es im grünen, fruchtbaren Rhodesien sehr. Und doch wollte ich gerne meine Familie wiedersehen und mich selbst davon überzeugen, wie es zu Hause aussah. Also schiffte ich mich von Kapstadt aus so bald wie möglich in Richtung Deutschland ein, voller Hoffnung und Vorfreude auf die alte Heimat. Afrika war zwar mein neues Zuhause geworden, aber nach all den Jahren zog es mich zurück, wenn auch nur für gewisse Zeit. Ich hatte nicht vor, in Deutschland zu bleiben, nein, dafür faszinierte mich Afrika viel zu sehr. Und es gab ja noch so viel zu entdecken auf diesem großen Kontinent.

Drei oder vier deutsche Farmer aus meiner Bekanntschaft durften gleich nach Ostafrika zurückkehren, ich aber segelte »heim ins Reich«, wie ein Britischer Officer bei seiner Abschiedsrede am Kai mit einem zynischen Lächeln betonte. Welcher Zynismus in diesen Worten eingedenk eines Deutschlands in Schutt und Asche lag, konnten weder ich noch die anderen deutschen Passagiere zu diesem Zeitpunkt ahnen.

Ganz im Gegenteil, fast euphorisch war bei unserer Ausreise 1947 die Stimmung auf der »Winchester Castle«. Insgesamt waren wir fünfhundert Menschen an Bord, die meisten Deutsche, viele Frauen und Kinder. Wir tanzten Swing, tranken Sekt, und nach all den Jahren im Internierungslager hatte ich zum ersten Mal wieder Kontakt zu weiblichen Wesen. Doch es schien, als hätte ich jegliche Übung verloren, denn so schlagfertig ich auch sonst immer war, im Gespräch mit jungen Damen war ich leider wesentlich weniger geistesgegenwärtig als beispielsweise im Dialog mit dem dicken Parteibonzen im Internierungslager. Ich stellte fest, dass ich irgendwie gehemmt und in mich gekehrt geworden war nach all der Zeit. Doch mit jedem überquerten Breitengrad begann ich, mich Stück für Stück an die Freiheit zu gewöhnen, und entspannte mich mehr und mehr.

Was mich allerdings merkwürdig berührte, waren so manche Gespräche, die ich mit anhörte, denn es gab offenbar immer noch Leute, die noch nicht begriffen hatten, dass der Krieg verloren war. So kam es, dass einige dieser unbelehrbaren Nazis doch tatsächlich das Lied »Wir fahren gegen Engeland« anstimmten, als wir uns der englischen Küste näherten. Da war ich sprachlos und wusste nicht, ob ich über so viel Dummheit lachen oder weinen sollte.

Im Internierungslager hatten sie uns erzählt, der Führer habe mit seinen V2-Wunderwaffen Southampton in Schutt und Asche gelegt. Nun, vom vorbeifahrenden Dampfer aus, sah die traditionsreiche Stadt der englischen Flotte höchst intakt aus. Der eigentliche Schock lag noch vor uns.

6. Kapitel

Wenn nichts mehr ist, wie es war

Ein Mann kommt nach Deutschland. Er war lange weg, der Mann. Sehr lange. Vielleicht zu lange. Und er kommt ganz anders wieder, als er wegging.

Wolfgang Borchert, »Draußen vor der Tür«

Nach der Fahrt durch den Ärmelkanal näherten wir uns voller Erwartung der Freien und Hansestadt Hamburg. Ich saß vorne am Schiffsbug, um auch ja nichts zu verpassen, und hielt nach dem Hamburger Hafen Ausschau. Doch keiner hatte uns darauf vorbereitet, dass die Politik Hitlers die ganze Stadt dem Erdboden gleichgemacht hatte. Knapp zehn Jahre zuvor war ich vom Petersenkai aus nach Afrika im wahrsten Sinne des Wortes abgedampft, und nun lag der einst so stolze Hamburger Hafen in Schutt und Asche vor mir. Der Kai war nicht mehr wiederzuerkennen. Und auch von Freiheit war hier weniger die Rede, als der Name »Freie« Hansestadt versprach. Vom Schiff aus wurden wir direkt ins Zwischenlager Neuengamme, bedrückenderweise ein ehemaliges KZ, zur Entnazifizierung gebracht. Was für ein böses Erwachen! Wieder fand ich mich interniert, wieder hinter Stacheldraht. Geschichte war doch wirklich schizophren: erst »Halbjude« in Potsdam, dann deutscher Internierter in Ost- und Südafrika, dann in Deutschland als Nazi-

Verdächtigter ausgerechnet in einem ehemaligen Konzentrationslager! Das konnte doch alles gar nicht wahr sein!

In Neuengamme angekommen sprach ich sofort bei dem britischen Lagerkommandanten vor, ein Gespräch, das ebenso informativ wie ernüchternd verlief.

»Es gibt sieben Dokumentenzentralen im ehemals Tausendjährigen Reich«, wurde mir schroff erklärt.

»Und da Sie, anders als die Altnazis, offenbar nicht in der Lage sind, zu dokumentieren, zu welcher NS-Unterorganisation Sie gehörten, müssen Sie halt solange hierbleiben, bis Ihre Angaben von allen sieben Dokumentationszentren bestätigt werden.«

»Sie wollen damit sagen«, fragte ich fassungslos, »dass ich länger bleiben muss als jeder hundertprozentige Nazi, jeder SS-Scharführer, jeder KZ-Lagerkommandant?«

»Richtig!«, erhielt ich zur Antwort: »Bei denen ist das Verfahren einfacher. Klar geht das schneller, denn wir haben ja die NSDAP-Kartei.«

»Aber ich bin jüdischer Herkunft! Aus diesem Grund habe ich Deutschland damals verlassen!«

»Tja«, meinte der Lagerkommandant, »Pech für Sie!«

Mit einer solchen Antwort war ich natürlich nicht zufrieden.

»Was Sie mir etwas verklausuliert sagen«, bohrte ich nach, »bedeutet doch im Klartext Folgendes: Wenn ich sage, ich bin ›Halbjude‹ und Feind der Nazis, dann muss ich das beweisen oder werde bis zur Erbringung des Beweises durch Ihre Stellen als Lagerinsasse schmoren. Oder ich zeige Ihnen einfach ein altes NSDAP-Parteibuch und könnte als Mitläufer zu meinen Eltern nach Hause gehen, richtig?«

Der Officer nickte grinsend. In mir kochte die Wut. Plötzlich verstand ich, was die Afrikaner an den Engländern so irritierte. Auch ich war entsetzt, oh ja, und zwar gewaltig. Nach all den Jahren im Lager hatte ich die Nase gestrichen voll von Zäunen. Und doch musste ich mich gedulden, es blieb mir nichts anderes übrig. Zwei Wochen später erhielt ich schließlich meine Rote-Kreuz-Fahrkarte und durfte zu meinem Bruder fahren, der in München lebte.

Die Eisenbahnfahrt durch die Besatzungszonen war zutiefst deprimierend. Ich fuhr durch ein total zerstörtes Ruhrgebiet, durch ein Frankfurt am Main, das in Schutt und Asche lag. Zu allem Überfluss klaute man mir unterwegs auch noch die Hälfte meines Gepäcks. Richtig böse darüber sein konnte ich nicht, die Menschen hatten ja nichts. Erschöpft kam ich endlich in München an.

Auch das Wiedersehen mit meinem Bruder hatte ich mir fröhlicher vorgestellt. Es war gut, dass wir uns wieder hatten, und ich dankte Gott dafür, dass er gesund und wohlauf war. Doch was mir Klaus zu erzählen hatte, schien mir unfassbar und machte mich wütend: Viele unserer Breslauer Verwandten hatten die Nazis ins KZ gebracht und dort ermordet. Nur unsere Eltern und meine Geschwister, Rosemarie und Klaus, hatten den Krieg durch Emigration nach Dänemark glücklicherweise überstanden.

»Das haben wir dir zu verdanken«, sagte Klaus, »denn 1938, da sagte der Alte: ›Der Peter hat tatsächlich recht gehabt: Das Schiff sinkt.‹ Kurz danach schafften wir es über die Ostsee nach Skandinavien. Rosemarie ist dort geblieben und wurde Dänin. Die Eltern und ich kamen nach Kriegsende zurück.«

»Und die anderen? Onkel Wolf? Und die Tanten? Was ist aus ihnen geworden?«

Klaus schenkte mir Kaffee ein, den er auf dem Schwarzmarkt ergattert hatte.

»Von Onkel Wolf«, sagte er dann, »weiß ich nichts. Vielleicht hat er sich ins Ausland retten können. Von den Tanten ist eine nach Israel ausgereist. Erst neulich hat sie mir geschrieben.«

»Wenigstens waren einige klug genug, rechtzeitig zu gehen«, sagte Klaus.

Ich trank den erstaunlich guten Kaffee und dachte an Hanni Aurachers Farm. An die glückliche Zeit, die ich dort verlebt hatte. Und wieder ergriff mich das Fernweh – oder sollte ich besser sagen: Heimweh? Tatsächlich wurde mir, je länger ich in Deutschland war, meine Heimat immer fremder. Lag es daran, dass ich mich verändert hatte? Oder war es Deutschland, das nicht mehr das Land meiner Kindheit war?

Zuerst fuhren Klaus und ich ein paar Tage in die Berge. Hier konnte ich mich von den Strapazen der Reise und des Lagers erholen. Klaus erzählte mir von seinen Plänen, Architekt zu werden.

»Da hast du recht«, sagte ich, »wie es aussieht, gibt es hier in Deutschland eine Menge wieder aufzubauen.«

Bei unserer Rückkehr nach München erfuhr ich von einem Kommunalbeamten, ein offizielles Empfehlungsschreiben eines südafrikanischen Freundes sei für mich eingegangen. In diesem Schreiben bat mein Freund darum, mir ein Visum für Südafrika auszustellen, außerdem enthielt es die Kopie eines Arbeitsvertrags. Ich atmete auf, nur zu gerne wollte ich zurück an den Wendekreis des Steinbocks.

»Aber«, wandte ich ein, »brauche ich für ein Visum nicht die deutsche Staatsbürgerschaft?«

»Kein Problem«, sagte der Beamte, »stelle ich Ihnen aus.«

»Moment«, antwortete ich, denn in solchen Dingen kann ich sehr penibel sein, »ich habe genau dasselbe Formular von 1936 in der Tasche. Auf dem steht, dass ich aufgrund meiner jüdischen Abstammung kein Reichsbürger mehr sein kann. Was gilt denn nun?«

»Tja, die Zeiten haben sich eben geändert«, grinste der Beamte verstohlen. »Kann Ihnen doch egal sein. Hier ist derselbe Wisch auf demselben Formular, und mit dem kriegen Sie in Hamburg eine *permanent residence*, die Aufenthaltsgenehmigung für Südafrika.«

Als ich meinem Bruder von der Möglichkeit erzählte, nach Südafrika zurück zu reisen, verdüsterte sich seine Miene.

»Willst du schon wieder fort?«, fragte er. »Du bist doch eben erst angekommen.«

Ich dachte darüber nach. Nach Afrika zurück könnte ich immer noch. Klaus hatte recht: Die Eltern waren inzwischen auch nicht jünger geworden. Sie waren aus dem dänischen Exil wieder zurück nach Berlin gezogen, weil es ihnen im Land meiner Schwester schlicht zu kalt war. Trotz meines Zoffs mit dem »Alten«, wie wir unseren Vater nannten, stand ein Besuch bei ihnen auf alle Fälle an. ›Jetzt, wo ich schon mal hier bin‹, sagte ich mir, ›kann ich auch noch eine Weile bleiben.‹ Außerdem war ich gespannt, zu erleben, wie sich die politische Situation nach dem Zusammenbruch des »Tausendjährigen Reichs« entwickeln würde.

Ich besuchte meine Eltern und fuhr auch nach Dänemark zu meiner Schwester Rosemarie. Sie hatte den dänischen Theologen und Philosophen Knud Ejler Christian Løgstrup geheiratet, mit dem ich manch interessante Diskussion über Gott und die Welt führte.

Dann kehrte ich zu Klaus nach München zurück und sah mich nach Arbeit um. Tatsächlich fand ich gleich zwei interessante »Jobs«, die sich eigentümlich ergänzten. Zum einen dolmetschte ich für die Entnazifizierungskommissionen und arbeitete nebenher auch noch als *tourguide* für höhere Chargen der Amerikaner, die Münchens und Bayerns Sehenswürdigkeiten gerne ganz nebenbei auch noch mitnehmen wollten, wo sie schon mal hier waren. Daneben fungierte ich als Übersetzer für britische und amerikanische Juristen bei der Vorbereitung der verfassungsgebenden Konferenz von Herrenchiemsee, wo unsere neuen Volksvertreter über das Grundgesetz für die neue Bundesrepublik berieten, das dann 1949 in Kraft treten sollte. So konnte es vorkommen, dass ich morgens einen Brief über den evangelischen Pfarrer Ernst Biberstein zu übersetzen hatte, der als SS-Mann in Russland Erschießungskommandos geleitet hatte und nach dem Krieg von seiner Landeskirche in Deutschland auch noch übernommen und gedeckt wurde, um nachmittags Stellungnahmen von Theodor Heuss oder Carlo Schmid zu dolmetschen, gestandenen Politikern also, die der jungen Bundesrepublik ihr moralisches Rückgrat geben sollten. Am nächsten Tag ging es dann nahtlos weiter mit einem Verfahren gegen den Befehlshaber von Erschießungskommandos im Baltikum, der einen Doktorgrad in Rechtswissenschaften hatte und Volljurist war. Der amerikanische Offizier fragte den Angeklagten mit beißendem Sarkasmus: »Aren't you a lawyer by training? Well, how do you apply this education to what you do, I mean your daily routine of killing people?«

Ich übersetzte, und der furchtbare Jurist und SS-Mann antwortete seinem Vernehmer: »Guter Mann, Jura hat mich gelehrt, gegenüber Worten misstrauisch zu werden. Ein Maschinengewehr hingegen ist weit weniger voller Widersprüche. Es meint immer genau das, was es sagt.« Am selben Nachmittag wurde von den Verfassungsvätern nachmittags in Herrenchiemsee wieder über Artikel 1 des neuen Grundgesetzes verhandelt, über die Menschenwürde, die doch unantastbar sei.

›Was ist das nur für ein schizophrenes Land hier‹, dachte ich. Und mir war klar, dass es noch lange dauern würde, bis Deutschland wieder mit sich im Reinen war. So kam es, dass ich 1950, trotz des für andere vielleicht verlockenden Angebots, ein waschechter deutscher Beamter zu werden, in Hamburg wieder das Deck eines Ozeandampfers in Richtung Südafrika betrat. Ich war froh, drei ganze Jahre bei meiner Familie verbracht und die spannenden Entwicklungen im Nachkriegsdeutschland hautnah miterlebt zu haben. Denn erst dadurch wusste ich, dass meine Entscheidung, an den Wendekreis des Steinbocks zurückzukehren, die richtige war. Ich war für ein geregeltes Leben in Deutschland einfach nicht geschaffen.

»Komm doch mit!«, hatte ich zu Klaus mehr als einmal gesagt.

Doch der hatte sich inzwischen in München als Architekt etabliert und schüttelte nur den Kopf.

»Ich bin kein solcher Abenteurer wie du«, sagte er. »Und einer muss doch auch in der Nähe der Eltern bleiben. Rosemarie ist ja in Dänemark verheiratet. Und du …« Kläuschen verzog vielsagend das Gesicht und grinste. Wir umarmten uns noch einmal fest. Dann war es Zeit, zu gehen.

»Hatte er dann gar keine Lust, sein Glück woanders zu versuchen?«, fragte ich. Peter schüttelte den Kopf.

»Klaus und ich? So gut wir uns bis zu seinem Tod vor einem Jahr verstanden haben, wir waren grundverschieden«, sagte er. »Klaus hielt mehr von Sicherheit. Seit meinem Erlebnis in der Napola hatte ich allerdings gelernt, dass nichts im Leben sicher ist.«

Er grinste.

»Und wenn das so ist«, fuhr er fort, »dann kann man ja auch nach Afrika fahren. Findest du nicht?«

Wir lachten. Und so fuhr er mit seiner Erzählung fort.

7. Kapitel

Am Wendekreis des Steinbocks

Du kannst Afrika verlassen, aber Afrika wird dich niemals verlassen.

Sprichwort der Herero

1950 kam ich wieder in Kapstadt an. Ein Freund aus den Zeiten der Internierung holte mich ab und bot mir an, eine Weile bei ihm zu wohnen. Dieses Angebot nahm ich gerne an. Kaum zurück in Afrika, fühlte ich, wie ich mich selbst entschleunigte und dem Tempo auf dem schwarzen Kontinent anpasste. Was für eine Wohltat das war nach dem lauten, überfüllten, hektischen Nachkriegsdeutschland! Nun nahm ich mir erst einmal Zeit, ein wenig herumzureisen und mich am Kap der Guten Hoffnung umzusehen.

Mir war von vorneherein klar gewesen, dass Südafrika für mich nur eine Durchgangsstation sein würde, und nun bestätigte mir täglich mein Bauchgefühl diesen Eindruck. Woran das lag? Sicher auch an dem unangenehmen Umgang der Weißen mit den Schwarzen dort unten am Kap, der mir von Anfang an missfallen hatte. Die Engländer, die ich hier überall antraf, empfand ich als unaufrichtig. Meine anfängliche Begeisterung damals in Tanganjika hatte sich durch meine Erfahrungen in den Internierungslagern doch sehr relativiert. Außerdem war ich Tropenlandwirt mit Leib und

Seele, und da sagten mir natürlich die fruchtbareren, grünen Landschaften im Norden von Namibia und Angola weit mehr zu als karge Wüsten wie die Kalahari und die Karoo. Sicherlich, die fruchtbare Gegend um Stellenbosch oder Paarl war verlockend, ein prächtiges Weinland schon seit fast dreihundert Jahren, aber ich war kein Weinbauer, sondern Farmer, der etwas von Vieh und Feldern verstand. Und eine solche Aufgabe wollte ich wieder finden.

Darum bewarb ich mich auf drei Anzeigen, in denen Farmverwalter für Südwestafrika gesucht wurden, und bekam gleich alle drei Stellen angeboten. Das lag sicherlich daran, dass ich nicht nur der deutschen Sprache mächtig war, sondern auch fließend Afrikaans und Englisch sprach und außerdem landwirtschaftliche Erfahrung sowohl in Europa als auch in Afrika vorweisen konnte. Wie damals in Ostafrika entschied ich mich wieder für eine verwitwete Dame, für Frau Hedwig Grotmann, deren Farm »Neuhorst« nahe Otavi und der südwestafrikanischen Minenstadt Tsumeb lag. Den Ausschlag gab letztendlich, dass die Witwe Grotmann, wie seinerzeit auch Frau Dr. Auracher in Tanganjika, gleich einen Blankoscheck in ihren Antwortbrief gesteckt und dazugeschrieben hatte: »Wenn Sie Geld brauchen, dann tragen Sie einfach einen aus Ihrer Sicht angemessenen Betrag ein.« Das war ein guter Anfang, fand ich, und wertete einen solchen Vertrauensvorschuss vonseiten des künftigen Arbeitgebers als gutes Omen für unsere zukünftige Zusammenarbeit. Als alter Potsdamer Kadett löste ich den Scheck natürlich nicht ein, eingedenk des Sprichworts meines Vaters: »Geld und Frauen hat man, aber man redet nicht darüber.« Es war nicht das Geld an sich, sondern Hedwig Grotmanns Geste, die mich überzeugte, dass diese Stelle die richtige für mich war.

Und so brach ich im Mai 1950 auf. Von Kapstadt nach Keetmanshoop fuhr ich mit dem Zug. Es wurde eine lange Eisenbahnfahrt, doch es gab allerhand zu sehen, ich fuhr durch für mich bislang unbekannte Gebiete, von deren eigentümlicher Schönheit ich von den anderen Internierten schon so viel gehört hatte. Und so verging die Zeit im Nu.

Und doch erlebte ich auf meiner Reise nach Norden ins Namaland so manche Überraschung: An der Grenze zu Südwestafrika war es kahl, grau und trocken. In Oranjemund, einem kleinen Nest, das seine Entstehung dem Diamantensperrgebiet verdankte, dachte ich: ›Um Gottes willen, wo bist du denn hier gelandet?‹

Auch der berühmte Fish River Canyon, der zweitgrößte Canyon der Welt, beeindruckte mich wenig. Wüsten waren nun mal nicht meine Sache. Weiter ging es mit der Eisenbahn nach Keetmanshoop, die nächste größere Bezirkshauptstadt, wo viele Buren lebten und hauptsächlich Afrikaans gesprochen wurde. Hier holte mich ein Fahrer ab, den Frau Grotmann geschickt hatte. Er stellte sich als Ambrosius vor, und das sagte mir natürlich gleich, dass er in einer katholischen Missionsschule erzogen worden war. Er sei Herero, erklärte er mir, und sein breites, entwaffnendes Lachen gefiel mir sofort.

»Wir haben einen weiten Weg vor uns«, sagte Ambrosius ernst, wuchtete mein Gepäck auf den Jeep, und los ging die Fahrt.

Nach Hunderten von Kilometern schnurgerader Straße tauchte schließlich am Horizont die Hauptstadt Windhoek auf, die »Windecke« mitten im Khomas-Hochland. Nun wurde es richtig merkwürdig und gleichzeitig immer interessanter, wie ich bei unserem Aufenthalt feststellen konnte, als wir beschlossen, hier einige Tage Rast zu machen. Ambrosius war ein ausgezeichneter *tourguide*, führte mich nicht nur in eine so gute wie einfache Pension, sondern schlug mir auch vor, noch am selben Abend einen Ausflug ins Hochland zu machen, um den Sternenhimmel von dort zu bestaunen.

»Wird Ihnen gefallen«, sagte Ambrosius verschmitzt, und er sollte recht behalten, denn hier sah ich so viele Sternschnuppen und Meteoriten niedergehen wie in meinem ganzen Leben nicht.

Beim Stadtbummel am nächsten Tag fühlte ich mich mitten in Afrika an eine mittelgroße Stadt wie Herford oder Greifswald erinnert, jedoch mit seltsamen Details. So hatten die Dächer der »Luisenapotheke« spitze, schneeabweisende Dächer – für den vielen Schnee im südlichen Afrika! Es gab eine »Heinrich-Göring-Straße« und gleich um die Ecke eine »Martin-Luther-Straße«, dazu eine deutsche Kirche, die aussah, als habe sie ein Konditormeister entworfen. Deren Altar war mit einer Altarbibel ausgestattet, die Auguste Victoria, die Frau von Kaiser Wilhelm II., gestiftet hatte. Eine schmucke deutsche Kleinstadt mit Bilderbuchkirche mitten im Herzen Afrikas! Die meisten Afrikaner aber lebten in erbärmlichen Hütten am Rande der Stadt. Auch dorthin ließ ich mich von Ambrosius bringen. Ich stellte viele Fragen und erhielt ebenso viele Antworten. So erfuhr ich, dass in diesen *townships* die Schwarzen wegen der vielen kalten Nächte und aufgrund mangelhafter Ernährung reihenweise an Typhus und Tuberkulose starben. Ich stellte fest, dass in diesem Land vieles mindestens so widersprüchlich war wie das Deutschland, das ich verlassen hatte. ›Alles auch hier von Menschen gemacht‹, sagte ich mir. Die südwestafrikanische Landschaft dagegen empfand ich als atemberaubend schön. Ich beschloss, noch einen Abstecher zur Spitzkoppe zu machen, dem Mount Everest Namibias, und stellte zu meinem Erstaunen fest, dass dieser Ort eine fast spirituelle Aura besaß. An solch einem Ort hätte man im europäischen Mittelalter eine Kathedrale erbaut, so direkt schienen die Energien hier gen Himmel zu strömen.

Unterwegs kamen wir an einigen abgelegenen Farmen vorbei, wo wir prompt eingeladen wurden und wo ich den einsamen Farmersfamilien sozusagen gegen Kost und Logis meine Geschichte erzählte. Und schließlich machten wir uns auf den Weg in Richtung Otavi. Ab Otjiwarongo sah ich glücklicherweise endlich das, was mir bisher in Südwestafrika am meisten gefehlt hatte: Bäume!

Ambrosius erwies sich wie immer als guter Unterhalter und eine sprudelnde Quelle an Informationen. Dafür war er allerdings ein lausiger Mechaniker, sodass am Ende ich es war, der bei der nächsten Panne den Reifen wechseln musste. Dabei erzählte mir Ambrosius den Grund für die baumlosen, wüstenartigen Landschaften: Ausgerechnet die Deutschen hatten die wenigen Bäume abgeholzt. Die Einheimischen hingegen kannten den Wert eines Baumes in diesem kargen Land und hatten klare Regeln: Wer im fast deutsch-freien, wilden Norden von Südwestafrika, im Ovamboland an der Grenze zu Portugiesisch-Angola, grüne Bäume schlagen wollte, brauchte die Erlaubnis des Stammesältesten. Zum Verfeuern durften nur abgefallene oder morsche Äste benutzt werden. Die Deutschen waren es von zu Hause gewohnt, dass es an Bäumen nicht mangelte, und sie begriffen nicht, welchen Wert sie gerade hier besaßen. In kürzester Zeit hatten sie die kostbaren Bäume als Stützholz für die Minen verbaut, um hernach festzustellen, dass um sie herum auf einmal alles kahl war. Genau betrachtet waren sie so kurzsichtig wie damals jene Ostafrikaner, die ihre eigenen Brücken zu Brennholz verarbeiteten.

Mich erinnerte diese afrikanische Geschichte vom Fällen der Bäume an meinen Lehrer Strohmeier an der Mecklenburger Landwirtschaftsschule. Dieser hatte unserer Klasse einmal den tatsächlichen Ursprung des deutschen Wortes »Nachhaltigkeit« erklärt. Im 18. Jahrhundert hatte nämlich ein sächsischer Oberberghauptmann in Freiberg gemerkt, dass in seiner Gegend das Holz knapp wurde. Das lag nicht etwa an unvorhersehbaren Waldschäden, sondern am enormen Stützbohlenbedarf im damaligen sächsischen Silberbergbau. Daraufhin entwickelte der Forstmann ein Prinzip, für das er den Namen »Nachhaltigkeit« ersann. Dieses Prinzip besagte: Nur so viel Holz, wie nachgeforstet wurde, durfte auch geschlagen werden. Das umweltschonende und für das 18. Jahrhundert äußerst fortschrittliche, weil nachhaltige Ergebnis war eine waldreiche Gegend rund um Freiberg – das Gegenteil der dürren Namibwüste. Damals wusste ich noch nicht, wie grün und fruchtbar das Ovamboland im Norden an der Grenze zu Angola war. Wer weiß, hätte mir Ambrosius davon erzählt, vielleicht wäre ich sofort dorthin aufgebrochen. So aber dauerte es noch einige Jahre, bis ich diesen für mich so schicksalhaften Landstrich kennenlernen sollte.

Damals auf unserer Fahrt zu meiner künftigen Arbeitsstelle wurde mir einmal mehr bewusst, dass es weniger die natürlichen und klimatischen Gegebenheiten sind als vielmehr die Dummheit der Menschen, die so viele Landschaften zu Staub werden lässt. Die Afrikaner waren im Lesen der Natur durch ihre Erfahrung klüger. Während die Deutschen immer neue Expeditionen ausschickten, um frisches Wasser zu finden, konnten die San-Buschleute, die als eine der ältesten Menschengruppen der Welt gelten, nur deshalb in der namibischen Wüste überleben, weil sie durch Fährtenlesen und ihre praktischen Kenntnisse der Pflanzenwelt und Tierkunde über die Jahrtausende zu Spezialisten im Suchen von Nahrung und Wasser geworden waren. Je weiter ich ins Innere Afrikas vorstoßen sollte, desto mehr lernte ich, diese San zu bewundern. Und ich konnte nicht verstehen, wie man diese Kultur als unterlegen bezeichnen konnte, und mein Herz blutet, wenn ich daran denke, wie kurz vor der Ausrottung dieses wunderbare Volk heute steht. Sind nicht viel eher die Kulturen unterlegen, die zu dumm sind, Wasser zu finden?

Weiter ging es Richtung Norden. Vier Tage später erreichten wir Otavi und Tsumeb. In Tsumeb kehrten wir erst einmal im »Minenhotel« ein, das noch heute existiert. Der Grund, warum dessen Geschäft so gut lief, war einfach: Wer dort für die Otavi Minen- und Eisenbahngesellschaft (O.M.E.G.) arbeitete – und das waren vor allem Deutsche und Amerikaner –, hatte Geld in der Hand. Der Wirt, dessen Zungenschlag seine schwäbische Herkunft nicht verleugnen konnte, fragte freundlich, woher wir denn kämen, und reichte gleich die Literflaschen Bier herüber. Kleine Flaschen gab es hier gar nicht. Doch bereits eine Minute später erhielt ich meine erste Gratislektion zum Thema »Der Zusammenhalt der Weißen untereinander unter besonderer Berücksichtigung der Maxime ›Jeder gegen jeden‹«:

Die Tür der Kneipe ging schwungvoll auf, und herein kam ein Bure mit einem großen Filzhut auf dem Kopf. »Goeiemiddag. Ek will Bier!« Das war in dieser rauen Gegend eigentlich sehr höflich gesagt, doch unglücklicherweise formulierte der Mann mit dem Hut seine Bestellung auf Afrikaans. Sofort schlug die Stimmung des gerade eben noch so freundlichen deutschen Wirts dramatisch um.

»Raus«, schrie er, »und nimm sofort den beschissenen Hut ab. Dann kommst du wieder rein und sagst höflich: ›Ich hätte gerne ein Bier, bitte.‹ Und das bekommst du dann auch.«

Das alles sprach dieser Deutsche in einem Ton, der in meinen Ohren mindestens eineinhalb Backpfeifen wert gewesen wäre. Doch was geschah? Zu meinem Erstaunen ging der Bure tatsächlich wieder hinaus und klopfte an die Tür.

»Herein!«, sagte der Wirt.

Die Tür ging auf, und der Mann mit dem Filzhut in der Hand trat wieder ein, zahm wie ein Lamm.

»Ich möchte ein Bier, bitte!«, erklang es in holländisch intoniertem Deutsch.

Daraufhin bellte der Gastwirt: »Zacharias. Der Mister da, der kriegt ein Bier. Aber zeig ihm gleich, wo er sitzen darf.«

Der Kellner, ein großer, dunkler Ovambo in einer blütenweiß gestärkten Schürze, wandte sich mit dem Bier auf dem Tablett an den gemaßregelten Gast. Auf Afrikaans murmelte er dem Buren zu: »Komm Baas, na garden.« Er führte den Buren hinaus vor die Tür, der Gartenbestuhlung zu, und der Wirt schnalzte mit einem pilatushaften Gefühl der Zufriedenheit: »So, jetzt können wir weitersprechen.«

Ich war sprachlos ob der örtlichen Version des Kastensystems, mit dem hier die Menschen behandelt wurden, und hatte etwas gelernt. Hier funktionierten die Diskriminierungen offenbar nicht nur schwarz-weiß, das System war feiner unterteilt. Auch in klarer Abgrenzung zu den Buren blieben die Deutschen gern unter ihresgleichen. Mein Blick fiel auf eine Fotografie an der Wand: Eine voll besetzte Sporthalle war darauf zu sehen, geschmückt mit Hakenkreuzfahnen, darunter stand schön harmlos: »Auf einer politischen Versammlung.« Später entdeckte ich über der Turnhalle des Ortes den Spruch: »Seid fromm, seid treu, seid deutsch.«

Ich musste mich in den Arm kneifen und mir vorsagen, dass ich nicht etwa 1940 ins »Schutzgebiet« gekommen war, wo einige der deutschen Farmer Südwestafrikas offenbar immer noch zu leben glaubten. Immerhin befanden wir uns im Jahr 1950. Doch im »Schutzgebiet« tickten die Uhren irgendwie anders. Und was sind schon zehn Jahre?

Als wir vom Minenhotel weiterfuhren in Richtung der Farm »Neuhorst«, meinem künftigen Arbeitsplatz, kamen wir an einer anderen Farm vorbei, die den vielsagenden Namen »Deutsche Erde« trug. Als Ambrosius auf ein Glas Wasser dort einkehren wollte, wurde ich Zeuge eines weiteren absonderlichen Schauspiels. Am Eingang der Farm war mit einem halben Jahrhundert Verspätung die schwarz-weiß-rote Flagge des Deutschen Kaisers gehisst. Davor salutierte ein in einer alten, etwas abgewetzten, aber sauber gebürsteten Schutztruppenuniform steckender Herero, der dritten großen afrikanischen Volksgruppe in Südwestafrika neben Nama im Süden und Ovambo im Norden. Der Groß-

Auf der Farm »Deutsche Erde«

teil dieses stolzen Nomadenvolkes, dem ja auch mein Fahrer angehörte, war 1904/05 jämmerlich verdurstet, als General von Trotha sie nicht etwa erschoss, sondern in die Wüste trieb. Ich schämte mich sehr dieser Vergangenheit, zumal ein Verwandter meiner unehelich geborenen Mutter, ein Hauptmann Wilhelm Graf Saurma-Jeltsch, damals an vorderster Front mit einer der ersten Maschinengewehreinheiten der Welt 1904 am Waterberg dabei gewesen war. Zu dieser Zeit hatte die deutsche Schutztruppe die Wüste abgeriegelt. Und jetzt stand hier ausgerechnet ein Herero in derselben kaiserlichen Schutztruppenuniform. Ich fand, dass dieser Mann mit Blick auf die Geschichte seines Volkes wenig Grund hatte, auf einer Farm mit Namen »Deutsche Erde« der Kaiserflagge mit Salut die Ehre zu erweisen, aber er tat es, weil der »Baas« es so wollte. Der »Baas« stand derweil mit stolz geschwellter Brust daneben, in einer mit Orden behängten Jacke. So salutierte mir der Farmbesitzer, ein Herr Franz von Prittwitz, der um die neunzig Jahre alt sein mochte. Von einem Grammofon dudelte die kaiserliche Hymne, danach der Bayerische Defiliermarsch. Als Ambrosius und ich in Hörweite des alten Herrn von Prittwitz kamen, brüllte der los:

»Moooment, Jungens, werdet ihr gefälligst stehen bleiben vor der Fahne des Kaisers und den Hut abnehmen? Sofort! Wisst ihr denn nicht, was heute für ein Tag ist?«

»Klar«, sagte ich freundlich, »heute ist Sonntag!«

»Nein, du Trottel«, folgte nun die Erklärung für diesen Herero-Karneval, »heute ist Kaisers Geburtstag, der 27. Januar!«

Bei aller Verwirrtheit war Franz von Prittwitz dann doch so aufmerksam, mich auch zum kaiserlichen Geburtstagsnapfkuchen mit Rosinen einzuladen.

»Der ist frisch aus der Bäckerei Carstensen in Otjiwarongo.«

Ich rechnete kurz nach: fast hundert Kilometer Fahrt, nicht schlecht für einen Geburtstagskuchen! Franz von Prittwitz stellte mir auch seine »Bambusen« vor, wie er seine Hereroboys nannte:

»Das sind meine drei Heinzelmännchen, die hören auf die schönen Namen ›Brötchen‹, ›Cognac‹ und ›Gänsesauer‹.«

Franz von Prittwitz war nicht der einzige Farmer in Südwest, der seinen Angestellten solch »fantasievolle« Namen verpasste. Seinen schlausten »Bambusen« nannte er listig »Satan«. Als er mir zuguterletzt erzählte, sein Hund hieße »Martin Luther«, wurde es mir zu bunt.

»Tut uns leid«, sagte ich und erhob mich, »wir müssen jetzt los. Frau Grotmann wartet.«

»Ah, die alte Grotmann«, feixte der Alte. »Ganz schöner Feger. Grüßt se ma' schön, Jungs!«

Endlich kamen wir am Ziel unserer Reise an. Dreißig Kilometer von Otavi entfernt lag Hedwig Grotmanns Hauptfarm »Neuhorst«. Mein Herz schlug höher, und wenn ich auf meiner Fahrt durch das mitunter karge Land Bedenken gehabt hatte, ob es mir an meiner neuen Wirkungsstätte gefallen würde, so konnte ich jetzt erleichtert aufatmen. Die Farm lag hübsch am Fuß sanft aufragender Berge, was mich ein bisschen an Bayern erinnerte, nur dass hier die Hügel sandfarben waren statt grün. Sichtlich zufrieden kam Frau Grotmann an »die Gate«, wie man hier in Südwest das Eingangstor der Farm nannte: eine Frau über siebzig, aber immer noch sehr gut auf den Beinen. Als Krankenschwester hatte sie ihren Mann in Windhoek kennengelernt. Krebskrank war er gewesen, erholte sich aber wieder unter ihrer Pflege, und die beiden verlebten auf der Farm

»Neuhorst« noch ein paar gute Jahre, ehe der alte Herr verstarb. Die Farm hatte für deutsche Verhältnisse enorme Ausmaße, war in ihrer Ausdehnung mit dem Gebiet von Südhessen vergleichbar, für Südwester-Verhältnisse war sie jedoch eher Durchschnitt.

Als Erstes bot Frau Grotmann Ambrosius und mir einen »Grotmann-Spezial« an. Dazu füllte sie große Gläser zu einem Viertel mit Brandy, den Rest goss sie mit Grapefruitsaft und Eiswasser auf. Das gefiel mir ebenso wie die Tatsache, dass Hedwig Grotmann in höchsten Tönen von ihrem schwarzen Personal schwärmte. Erleichtert stellte ich fest, dass auf dieser Farm ein erfrischend offener, fast liberaler Wind wehte, was sich auch auf das Zusammenleben von Schwarz und Weiß auswirkte. Als ich Frau Grotmann vom Fahnenappell bei Franz von Prittwitz berichtete, lachte sie nur mitleidig.

»Der alte Trottel! Da haben Sie ja gleich die Bekanntschaft unseres adeligen Klassikers gemacht. Den Prittwitz, den haben sie wie so viele Blaublütige hier als schwarzes Schaf von Deutschland aus in die Kolonien verbannt. Schaut gern zu tief ins Glas und in fremde Ausschnitte und greift ab und zu in die Kasse. Und zwar in jede, die er erreichen kann.«

Dann setzte sie sich mit an den Tisch, schenkte den Brandy nun pur, ohne Grapefruitsaft, nach und erzählte aus ihrer Familiengeschichte: 1905 kam Hedwig Grotmann, geborene Pankowerin mit dem wundervoll grazilen Mädchennamen Konopke, als sogenannte »Weihnachtskiste« in Swakopmund an. Der bedenkliche Unterton dieser Bezeichnung rührte daher, dass Südwester-Farmer vom Deutschen Kolonialverein ausgebildetes Hauspersonal quasi per Katalog in Berlin bestellen konnten, eine Bestellung, die zunächst im Hafen von Swakopmund und später oft im Hafen der Ehe landete. Bei dem permanenten Frauenmangel im Schutzgebiet war das durchaus so gewollt. Als die erste Ladung lediger Damen am ersten Weihnachtstag 1903 mit einem Schiff der Hamburger Schifffahrtslinie »Woermann« in Swakopmund ankam, hatten die jungen Frauen gleich ihren wenig liebevollen Kosenamen in Südwestafrika weg: die »Weihnachtskisten«. Während die meisten der hundert Frauen von diesem legendären ersten Schiff Haushälterinnen waren und eine Minderheit Bardamen, gab es nur vier ausgebildete Krankenschwestern, um die ein wüster Konkurrenzkampf entbrannte. Tja, die alten ökonomischen Regeln von Angebot, Nachfrage und dem Knappheitsdilemma ließen die Farmer jede natürliche Zurückhaltung vergessen. Frau Grotmann kam als Krankenschwester ins Kaiserliche Spital nach Swakopmund, ein Schritt, der bereits nach wenigen Monaten zu besagter Eheschließung führte.

Der alte Grotmann war eigentlich Barbier gewesen, als er 1903 im Schutzgebiet eintraf. Zum Farmer umschulen musste er allerdings nach dem Besuch des Kolonialstaatssekretärs Dr. Solf 1911. Und das kam so: Solf war zuvor deutscher Gouverneur von Samoa gewesen und so kaisertreu, dass er eine maßgenaue Kopie der Gesichtsbehaarung seines großen Vorbildes Wilhelm II. wünschte. Das Zwirbeln bekam Grotmann dann auch noch hin, aber beim Rasieren passierte das Malheur: ein kleiner, blutender Schnitt am Hals. Doch nicht dieser Schnitt, sondern der anschließende Dialog mit Dr. Solf führte zu Grotmanns Entlassung aus dem Frisiersalon. Denn als Solf das Blut auf die Hose seines Fracks tropfte, grummelte der Herr Kolonialstaatssekretär belehrend:

»Gutster, das kommt vom Suff!«

Enorm geistesgegenwärtig antwortete Barbier Grotmann:

»Jawoll, Exzellenz, Alkohol macht die Haut spröde!«

Für drei lange Sekunden stutzte der Herr Kolonialstaatssekretär und merkte noch gar nicht, aus welcher Richtung die Axt geflogen kam. Doch dann tobte der von einem Friseur als Alkoholiker titulierte Dr. Solf los, und keine zehn Minuten später war Herr Grotmann wegen Anfangsverdachts der Beamtenbeleidigung fristlos entlassen. Da in Windhoek zu der Zeit aber nur ein Barbiersalon als potenzieller Arbeitgeber existierte, entschloss sich Grotmann, auf Landwirt umzuschulen, und wurde damit sehr erfolgreich. Solf hingegen trennte sich augenblicklich von seinem Bart, wie man auf seinen Fotografien sehen kann.

Nach diesen *war stories* aus den guten alten Tagen in Südwest kam Frau Grotmann auf meine künftigen Aufgaben zu sprechen:

»Wie Sie wissen«, begann die Witwe, »ist ›Neuhorst‹ die Hauptfarm. Daneben gibt es noch die 3000 Hektar große Nebenfarm ›Hannover‹, und dort werden Sie wohnen.«

Sie erklärte mir, dass die Nebenfarm »Hannover« ein Milchbetrieb sei. Dann fragte sie mich unvermittelt:

»Kennen Sie sich aus mit Windmotoren?«

»Gar kein Problem«, versicherte ich ihr.

»Gut«, sagte Frau Grotmann sichtlich erleichtert. »Der auf ›Hannover‹ muss als Erstes repariert werden. Doch bevor Sie das machen, bleiben Sie hier und mauern das Grab meines Mannes. Sie können doch mauern, oder?«

»Auch kein Problem«, antwortete ich und dachte im Stillen: ›Mensch, die geht ja ran wie Blücher.‹ Ich versicherte ihr, dass ich einmal ein ganzes Haus gebaut hatte, dort in Ostafrika.

»Ist ja wunderbar«, freute sich Frau Grotmann, »den Grabstein habe ich schon aufstellen lassen. Aber hier gibt es niemand, der richtig mauern kann. Wissen Sie, ich möchte das mit Feldsteinen haben …«

So kam es, dass meine erste Aufgabe in Südwestafrika das Mauern einer Grabeinfassung war. Das ging ja gut los! Als das Bauwerk fertig war und fast einem Mausoleum in den gewaltigen Dimensionen des königlichen Namensgebers Mausolos glich, war Frau Grotmann äußerst zufrieden. Als Nächstes sollte ich mit dem Ochsenwagen zur zwölf Kilometer entfernten Farm »Hannover« fahren.

»Die Karre ist völlig fertig! Die muss generalüberholt werden«, bemerkte ich beim ersten Anblick.

»Hören Sie mal«, widersprach die Witwe, »das ist keine ›Karre‹. Das ist der Ochsenwagen meines Mannes.«

Ich erklärte mich gerne bereit, meine Wortwahl zu verfeinern, aber das änderte nichts am Zustand des Gefährts. Das Fahrgestell war marode, und die Räder brauchten dringend neue Speichen.

»Ja, können Sie das denn reparieren?«

»Na, was meinen Sie denn? Ich bin ein mit Prädikat diplomierter Mecklenburger Landwirt. Ich kann schlachten, melken, schmieden, zimmern und sehr viel Bier trinken. Einen langen Sommer habe ich nichts anderes gemacht, als in Mecklenburger Erntewagen neue Speichen eingezogen.«

Da war sie sprachlos, die Witwe Grotmann. Eine Weile stand sie da und sah mir beim Arbeiten zu, die Hände in die Hüften gestemmt. Dann meinte sie:

»Herr Peter, dass Sie es wissen: Männer wie Sie sind in Südwest genau richtig. Wir brauchen hier nämlich keine neunmalklugen Spezialisten und schon gar nicht Maulaffen, sondern patente Generalisten, die sich zu helfen wissen.«

Ich grinste.

»So jemanden wie mich?«

»Sie haben es erfasst«, sagte Frau Grotmann, grinste zurück, drehte sich um und verschwand im Haus.

Von anderen Allroundern des kolonialen Lebens hatte ich in einem Heft der Rheinischen Missionsgesellschaft gelesen: den in Wuppertal-Barmen ausgebildeten, protestantischen Missionaren Südwestafrikas! Eine dieser Geschichten im kleinen Missionsfreund gefiel mir besonders gut. In den 1880er-Jahren war einmal einer dieser Missionare mit seinem Ochsenkarren nach Kapstadt zum Jahreseinkauf gefahren, reparierte unterwegs mehrere Radbrüche, kaufte alles ein und fuhr die 1500 Kilometer zurück auf seine Missionsstation. Bei der Ankunft stellte er fest, dass er an alles gedacht hatte: Dosenfleisch, Papier, Kerzen, Wasserkanister, Bleistifte, Messer, Büchsenmilch. Nur eines fehlte, eine lebenswichtige Kleinigkeit: Er hatte die Streichhölzer vergessen. Ein Jahr ohne Feuer! Aus dieser mittelschweren Katastrophe rettete sich der Missionar, indem er mit dem Brillenglas seiner Frau einen durch fokussiertes Sonnenlicht getriebenen Flammenwerfer baute. Und der erste finnisch-lutherische Missionar im Ovamboland, Martti Rautanen, war so vom Heimweh getrieben, dass er sich selbst und dem südlichen Afrika noch im 19. Jahrhundert das erste Gebäude des Ovambolandes schenkte, das ein Metalldach hatte: eine Sauna mit selbst gebautem Dampfaufgussmechanismus. Eine Sauna bei 40 Grad Celsius Außentemperatur! Die Witwe hatte recht: Improvisation und Kreativität waren hier in Afrika die wichtigsten Tugenden.

So reparierte ich zunächst den Wagen, danach mit Draht und Haarnadeln den Windmotor und schließlich noch den Kühler von Frau Grotmanns Auto. Vier Hererojungens von der Farm fungierten mir dafür als Assistenten. Als alles fertig war, verschwand die Grotmann mit dem reparierten Auto ohne ein einziges Wort. Ich fürchtete schon, sie sei beleidigt, weil ich so viele ihrer schwarzen Assistenten in Beschlag genommen hatte. Doch keine zwanzig Minuten später war sie wieder da. Als sie aus dem Wagen stieg, glaubte ich zu träumen: Sie trug doch tatsächlich einen Sektkübel herbei! Darin eine Flasche »Henkell Trocken« und dazu im Henkelmann gekochtes Essen, Burenwürste und Sandwiches mit frischem Eiersalat für fünf Mann. Das hatte sie alles flugs aus der Farmküche geholt. Die Arbeiter und ich waren genauso begeistert von ihrem Essen wie Frau Grotmann von mir:

»Nein«, sagte sie wieder und wieder, »ich bin jetzt schon einige Jahrzehnte hier, aber so etwas habe ich noch nicht erlebt. Wagen- und Windmotorreparatur an einem Tag!«

Offenbar war sie überzeugt, den besten Farmverwalter der Welt eingestellt zu haben, und ich tat natürlich nichts, um diesen schönen Eindruck zu zerstreuen. Denn wenn ich ehrlich war, hatte ich die ganze Sache ziemlich geruhsam angehen lassen. Die nächsten Monate verbrachte ich hauptsächlich auf der Nebenfarm »Hannover«. Mit dem Eselswagen, im Südwesterdeutsch »Donkykarre«, fuhr ich Milch und Sahne für die Molkerei die dreißig Kilometer hin zur Bahnstation Khorab.

»Mein eigener Verwalter auf einer solchen schäbigen Eselskarre, das ist doch nix«, meinte Frau Grotmann eines Tages, und zu meiner großen Freude erhielt ich meinen ersten Dienstwagen, einen Diesel. Mit dieser unerwarteten Motorisierung war es mir natürlich möglich, auch viel schneller unsere Nachbarn auf den umliegenden Farmen kennenzulernen. Denn das einzige gesellschaftliche Leben, das für uns möglich war, bestand in gegenseitigen Besuchen. Manchmal traf man sich auch gemeinsam in den Dorfgaststätten im nächstliegenden Ort. Man machte dieselben Erfahrungen, die Frauen entbanden ehelich wie unehelich im selben Krankenhaus oder bei derselben Missionsschwester, und gerne zitierte Frau Grotmann den Vers:

»Schwester Moderata – kennt ein jeder Vater.«

Gemeint war die katholische Hebamme der Mission in Otjiwarongo, die aufgrund des Entbindungsmonopols vieles von vielen wusste. Wir lebten in jeder Hinsicht in einer überschaubaren, geschlossenen Gesellschaft, in der jeder die Stärken und Schwächen des anderen genau kannte.

Einmal bekam ich von Frau Grotmann den Auftrag, westfälische Verwandte, die aus Deutschland zu Besuch nach Südwest gekommen waren, mit dem Auto in den Etosha-Nationalpark zu begleiten, einen der ältesten Nationalparks der Welt. Als deren Tochter mich eines Tages fragte, was ich denn so von Westfälinnen halte, antwortete ich mehr ehrlich als diplomatisch, denn »ein deutscher Junge lügt ja nicht«.

»Wir Schlesier«, sagte ich also, »haben unseren ganz einfachen Geschmack, immer nur das Beste.«

»Und was ist das Beste, Sie Schlauberger?«

»Na ja, Schlesierinnen und Ostpreußinnen und danach Polinnen. Und wenn da noch nichts dabei ist, dann zur Not auch preußische Provinzmädchen aus dem tiefen Westen. Also Ihre Ecke, Westfalen und so, aber die sind mir eigentlich etwas zu stur und selten brünett.«

Das war das letzte Wort, das die junge Dame mit mir wechselte, und ich hatte noch Glück, nach diesen Ausführungen keine von der westfälischen Prinzessin aus dem Münsterland gelangt zu bekommen. So blieb ich mit meinen fast 35 Jahren zunächst weiter unbeweibt: »Geh nich zu nah ran!«

Ein einziges Mal gab ich während der Tour durch Etosha meine Reserviertheit gegenüber dem Mädchen jedoch noch auf. Ich schrie: »Achtung, Löwe von links!« Zu einer Diskussion kam es diesmal nicht mehr, da ein junger Herero mit seiner Großwildbüchse, geladen mit Großkalibermunition 9.5, aufgepasst hatte. Er erlegte das prächtige Tier, dessen Fell samt Kopf fortan in meiner Wohnstube lag.

Eine meiner Nachbarschaftsbekanntschaften – den Begriff der Nachbarschaft verwendete man damals aufgrund der enormen Entfernungen großzügig – war die Familie Pleitz, die auf 8000 Hektar die Farm »Heias« nahe der Etosha-Pfanne betrieb. Denn Frau Grotmann hatte ein Stück Rinderweide von der Familie Pleitz gepachtet, und so hatte man sich angefreundet. Nun lud uns der alte Pleitz zum Weihnachtsfest 1952 ein, zu dem die ganze Familie anwesend sein würde. Da waren Tochter Inge, Sohn Kurt und die jüngste Tochter namens Ursula – noch unverheiratet, wie mir die Grotmann leise zuflüsterte. Ursula bemerkte natürlich sofort, dass ich in der Kirche bereits während der ersten Strophe von »Fröhlich soll mein Herze springen« ein Auge auf sie warf. Ja, sie gefiel mir außerordentlich: Schwarze, schulterlange Haare hatte sie, braune Augen, und sie war fast so groß wie ich selbst. Mit einem Wort: bildhübsch. Auch Kurt war ein ziemlich patenter, kräftiger Bursche, und ich fühlte mich zunehmend wohl in Gesellschaft der Pleitzfamilie. Dass Ursula eine große Wirkung auf mich ausübte, entging wohl auch ihrem Vater Hugo nicht. Bereits nach der Kirche nahm er mich beiseite.

»Sag mal«, begann er sein Verhör, »woher genau kommst du eigentlich? Man munkelt, deine Mutter sei die uneheliche Tochter eines schlesischen Grafen, sagte mir deine Chefin. Bist du womöglich verwandt mit *dem* berühmten Grafen Saurma-Jeltsch?«

Mich ärgerte diese Frage, denn ich wusste genau, was der alte Pleitz damit meinte. Mir war natürlich klar, dass Ursulas Vater nicht an der Familientafel meines Vaters, dem jüdischstämmigen Wilhelm Adolf Pauly, interessiert war, sondern prestigebewusst am adeligen Erzeuger meiner unehelich geborenen Mutter. Denn »*der* berühmte Graf Saurma-Jeltsch«, den der alte Pleitz meinte, war anders als der schlesische Erzeuger meiner Mutter nicht jener Tassilo Graf Saurma-Jeltsch, den mein Bruder und ich 1948 abgemagert auf dem Münchner Schwarzmarkt wiedertrafen, als dieser freudig ausrief: »Na Kläuschen, wie geht's dir denn?« Es war vielmehr *der* berühmte Wilhelm Graf Saurma-Jeltsch, Oberleutnant im kaiserlichen Marine-Expeditionskorps, der 1904 am Waterberg mit der Leitung der ersten deutschen Maschinengewehreinheit betraut worden war.

Ich überlegte kurz, was ich auf diese Frage antworten sollte, und erinnerte mich an eine Anekdote über den Enkel des Reichskanzlers Otto von Bismarck. Jener Enkel wollte von Hamburg aus in die sowjetisch besetzte Zone fahren. Ein Grenzer bat ihn um seine Papiere und fragte ähnlich dumm wie der alte Pleitz: »Sind Sie verwandt mit *dem* berühmten von Bismarck?« Ohne zu überlegen, antwortete der sehr selbstbewusste Enkel mit bierernstem Gesicht: »Das bin ich doch selbst!«

So war ich denn unvorsichtig genug, dem alten Pleitz ähnlich keck zu antworten: »Ich bin es selbst. Denn ich bin blutsverwandt mit *dem* Tassilo Graf Saurma-Jeltsch«, sprach ich, »der meine Großmutter in der Wäschekammer kennenlernte, als sie sich ihm mit dem Satz ›Glauben Se ja nicht, wen Se vor sich haben!‹ vorstellte.«

Ich hätte es wissen müssen. Der aus Thüringen stammende Pleitz verstand keinen Spaß und Ironie noch viel weniger. Und so erstickte dieser Satz eine mögliche Freundschaft bereits im Keim.

»So, so«, grummelte Hugo Pleitz.

Wir beide sollten leider nie mehr warm miteinander werden.

Diese Episode hielt den alten Pleitz aber nicht ab, bei der Rückkehr vom Weihnachtsgottesdienst über der Gans seinen Gästen wie jedes Jahr gut gelaunt und locker alte Familiengeschichten zu erzählen. Die Kinder waren für den weiteren Abend vom Tisch abgemeldet, zu oft hatten sie das alles mit anhören müssen. Die alte Frau Pleitz blieb jedoch mit Frau Grotmann und mir am Tisch sitzen und seufzte: »Ach, ist doch jedes Mal wieder schön!«

Held dieser Familiengeschichte war ein entfernter Verwandter von Hugo Pleitz, nämlich niemand anderes als der legendäre Diamantentycoon August Stauch. Wie so viele war der Bahnmeister mit dem Hererokrieg 1904 ins Land gekommen, um mit den Auslandszeiten als Reichsbahner seine Beamtenpension zu verbessern und ganz nebenbei ein gigantisches Vermögen zu machen. Zudem tat das Wüstenklima seinem Asthma gut. Das Fundament von August Stauchs Glück in Südwestafrika war sein Hobby: die Mineralogie, Geoloie und Gemmologie. Stauch konnte Diamanten förmlich riechen, und deswegen fiel von allen deutschen Kolonien seine Wahl auf Südwestafrika. Während Samoa oder Togo im Sand versackten, hatte Namibia diese eigentümliche Mischung aus Sand, Quarz, Geröll, Granit und großen Feldformationen – das ideale Brutbecken für den begehrtesten Edelstein der Welt: den Diamanten.

Tektonisch ähnelte der Süden der Kolonie der Atacamawüste in Chile und dem Witwatersrand in Südafrika, wo der Engländer Cecil John Rhodes sein Glück gemacht hatte, indem es ihm gelang, die größten Gold- und Diamantenminen der Welt in seinen Besitz zu bringen. Über diesen Rhodes hatte Stauch in Deutschland jeden Zeitungsartikel verschlungen. Wie er selbst entstammte Rhodes kleinen Verhältnissen. Lungenkrank war der englische Pfarrerssohn ebenfalls, genau wie Stauch. Der Engländer war eigentlich zur Kur nach Südafrika gekommen. Mithilfe zweifelhafter Geschäftspraktiken war er zu einem der reichsten Männer seiner Zeit geworden. Bis heute studieren jedes Jahr 90 Studenten als *Rhodes Scholars* in Oxford, der *alma mater* des alten Fuchses, der so hochmoralische Sätze wie »Every man has his prize« geprägt hatte. Aber gut: Wenigstens hatte der Inbegriff eines weißen Kolonialisten sein höchst fragwürdiges, aber in umso größeren Mengen erworbenes Vermögen am Ende für etwas sehr Gutes, nämlich für die Stiftung des berühmtesten Universitätsstipendiums der Welt, eingesetzt. In Deutschland war es zunächst der Kaiser, der die deutschen *Rhodes Scholars* benannte, denn Cecil John Rhodes hatte Deutschland als einzigem Nicht-Commonwealth-Land eigene Stipendien gewährt, weil ihm die seelenverwandten Deutschen in Südafrika immer einen anständigen *fight* geliefert hätten und aus demselben Holz geschnitzt seien. Rhodes, der Mann, der eine Eisenbahn vom Kap nach Kairo bauen wollte, war Stauchs Vorbild auf seinem eigenen Weg nach Südwestafrika. Und dort waren bemerkenswerterweise noch keine Diamanten gefunden worden. Aber vielleicht hatten die da unten nur nicht richtig gesucht?!

So wurde der Hobbygeologe Stauch auf seinem ersten Posten nahe der Stadt Lüderitzbucht mitten in der Namibwüste stationiert und hatte mit einem Trupp Afrikaner die wenig spektakuläre Aufgabe, die Schienen vom Treibsand frei zu halten. Dem thüringischen Bahnmeister half dabei der einheimische Arbeiter Zacharias Lewala. Was nun für manchen der Versetzung in eine Strafkolonie gleichgekommen wäre, war für Stauch das reine Paradies. Denn schon in Deutschland hatten ihn Gesteinsvorkommen und Mineralien besonders in der Wüste interessiert, da man dort nicht tief danach buddeln musste. Mit der Namib hatte er nun eine der ältesten Wüsten der Welt als seinen täglichen Spielplatz direkt vor der Tür. 1907 begann Stauch seine Arbeit in Grasplatz, nahe Kolmanskuppe, jenem verlassenen Kaff, benannt nach einem Nama namens Coleman, der dort kurz vor Ankunft in der Hafenstadt Lüderitzbucht auf der Suche nach Reichtümern verdurstete, als sein Ochsenkarren im Wüstensand stecken blieb.

Gleich zu Anfang schärfte August Stauch seinem Helfer Zacharias, der früher in einer südafrikanischen Diamantenmine gearbeitet hatte, ein, dass er nach auffälligen Steinen entlang den Schienen schauen solle, während er die Gleise vom Treibsand befreite. Es dauerte wenige Monate, da fand Zacharias tatsächlich auf dem Wüstenboden nahe dem Ort Grasplatz pflaumengroße, auffällige Steine, die er wie versprochen bei Stauch ablieferte. Der erteilte ihm strikteste Schweigepflicht und brachte die Steine schnurstracks zu seinem Freund Sönke Nissen nach Lüderitzbucht. Nissen, ein nordfriesischer Bergbauingenieur aus Lindholm bei Bredstedt nahe Husum, hatte die Usambarabahn in Ostafrika mit gebaut und sollte nun die Strecke von Lüderitzbucht ins fast vierhundert Kilometer entfernte Keetmanshoop fertigstellen. Auch er war mineralogisch interessiert. Im Labor des Leiters des Eisenbahnhospitals, Dr. Peyer, ließ er die Steine prüfen, und siehe da: Die vom Doktor verwendete Flusssäure entfernte rasch den Schmutz an den Steinen und in der Petrischale begann es zu funkeln – Zacharias hatte echte Diamanten gefunden. Kurz darauf erhielt Stauch ein Telegramm von Nissen mit den Worten: »Sind echt.«

Die hochzufriedenen Herren Stauch und Nissen wussten zu schweigen, denn davon hing der Erfolg des ganzen Unternehmens ab. Wenige Tage nach Entdeckung der ersten Steine erwarben die beiden das gesamte Gebiet um den Wüstenort Kolmanskuppe mit Brief und Siegel für einen lächerlich niedrigen Preis. Der Magistrat, der keine Ahnung von den verborgenen Schätzen hatte, verlangte eine eher symbolische Summe.

Ich finde, das Faszinierende bei Gold- oder Diamantenfunden ist immer die menschliche Seite. Wie muss sich ein kleiner Beamter fühlen, der einem Bahnmeister gerade das größte Diamantenfeld der Erde für einen Knopf verscherbelt hat und zwei Monate später hört, was das alles wert war? Was danach kam, ist Legende. Noch bevor das ganze Gebiet 1913 von der deutschen Kolonialregierung zum Diamantensperrgebiet erklärt wurde, hoben Nissen und Stauch so viele Diamanten wie reife Pflaumen vom Wüstenboden auf, dass aus Kolmanskuppe, diesem Wüstenfleck mit Gleisanschluss, die reichste Stadt Afrikas wurde. Größere Minenoperationen waren anfangs nicht nötig, und so hatte Hugo Pleitz wunderbare Fotos im Schuhkarton, auf denen Männer wie Stauch und Nissen mit Homburgerhut und im Dreiteiler im Wüstensand zu sehen waren, während sie die kostbaren Steine einfach in die Taschen steckten. Zacharias Lewala wurde von den beiden zwar mit mehreren Jahresgehältern entschädigt, was allerdings einem Betrag gleichkam, der angesichts der Größe des Diamantenfundes mikroskopisch klein war.

Das hereinströmende Geld veränderte zunächst den Süden und kurz darauf das ganze Land. Mitten im Nirgendwo der Namibwüste entstanden Villen, die herrschaftlicher waren als manche Ostseehäuser auf Usedom oder Rügen. Eine Turn- und Kegelhalle wurde mitten in die Wüste gebaut, ein Swimmingpool, zwei Ärzte aus Deutschland eingestellt und, als Krönung des Ganzen, das erste Röntgengerät des südlichen Afrika 1910 importiert. Den einfachen Gemütern erzählte August Stauch, das Röntgengerät sei für Ver-*Stauch*-ungen und die vielen Knochenbrüche, die sich die Arbeiter beim Diamantenabbau zuzögen. Jeder, der auch nur rudimentäre Kenntnisse vom Diamantenschmuggel hatte, wusste natürlich genau, warum die Arbeiter und insbesondere deren Taschen so häufig geröntgt wurden. Dennoch: Neben einer Diamantenstadt hatten Stauch und Nissen *en passant* eines der größten Krankenhäuser des Landes mitten in die afrikanische Wüste gebaut. Und dazu all jene Dinge, die Weiße, die sich dem schwierigen Klima aussetzten, um schwerreich zu werden, eben brauchten. So wurde ein temperierbarer Glasschrank für Zigarren angeliefert, französischer Champagner statt immer nur deutscher Schaumwein geordert und drei komplette Operationssäle bestellt, die sich die beiden deutschen Mediziner in Kolmanskuppe doch so zu Weihnachten gewünscht hatten!

Auch im nahe gelegenen Lüderitzbucht richteten sich die Wirte und Hoteliers auf die neureiche Kundschaft ein, so gut es eben ging. Als Erstes stieg die Zahl der extra aus Berlin angereisten Bardamen exponentiell an. *First things first*, sozusagen. Pferde wurden aus Sektkübeln getränkt, und der Wirt des Hotels »Zum Sperrgebiet« hatte plötzlich eine kleine Handwaage unter seinem Tresen für den Fall, dass seine Gäste in Diamanten bezahlen wollten – natürlich mit deutschem Stempel des preußischen Eichamts zu Bielefeld. Bis zur Verstaatlichung der Diamantenfelder kurz vor dem Ersten Weltkrieg waren aus August Stauch und Sönke Nissen im wahrsten Sinne des Wortes *stein*-reiche Männer geworden, zweimal Cecil Rhodes auf Deutsch sozusagen, allerdings ohne politische Ambition vom Kap nach Kairo. Reich werden war schon anstrengend genug.

Irgendwie schien die ganze Geschichte dann aber doch zu schön, um ewig so weiterzugehen. Was nach 1914 als *annus horribilis* passierte, wurde in der Familie Pleitz zum Paradebeispiel aus der Mottenkiste »Wie das Leben so spielt«. Anders als der am Ende völlig verarmte August Stauch war sein friesischer Partner Sönke Nissen bei Ausbruch des Ersten Weltkriegs weitsichtig genug, das Risiko der Enteignung durch Engländer und Südafrikaner vorauszusehen für den Fall, dass der Krieg verloren gehen würde. Er verließ die Kolonie noch vor Kriegsausbruch und Hyperinflation und kaufte mit seinen Diamantenmillionen das Gut Glinde bei Hamburg. Sein weiteres Vermögen steckte er in einen *Trust*, um die Reußen- und Nissenköge in Nordfriesland zu bauen, Land also, das er dem Meer durch Eindeichung abringen ließ. Einer der Köge trägt bis heute Nissens Namen, und viele der durch den kalkhaltigen Muschelboden reichen nordfriesischen Bauernhöfe tragen die Namen der Haltepunkte jener Bahnstrecke, die Sönke Nissen und August Stauch in Südwestafrika ursprünglich betreuen sollten. So findet man bei Bredstedt von »Keetmanshoop« über »Aus« bis »Lüderitzbucht« namibische Spuren mitten in Nordfriesland. Nissen investierte in seine friesische Heimat das eigene Vermögen. Die Fertigstellung seines gigantischen Eindeichungsprojekts sollte er aufgrund schwerer Krankheit nicht mehr erleben. Doch noch als gebrechlicher, kranker Mann hatte er sich damit etwas vorgenommen, das in der Größenordnung der Usambarabahn in Ostafrika gleichkam, wo er seine Karriere begann. Und weil er Afrika das alles verdankte, ließ er sich die Jahrestreffen der »Alten Afrikaner«, der Kolonialsoldaten und ehemaligen Koloniebewohner, in Berlin niemals nehmen. 1923 starb er als reicher Mann auf seinem Gut Glinde bei Hamburg. Trotz seines zu frühen Todes stand sein Name doch für eine der wenigen Erfolgsgeschichten des deutschen Bemühens um den Platz an der Sonne.

Ganz anders liefen die Dinge für den thüringischen Bahnmeister August Stauch, der sich noch 1913 gern mit russischem Pelzmantel und Krempenhut mitten in der Wüste ablichten ließ. Enteignungen nach dem verlorenen Krieg, die Hyperinflation mit anschließender Weltwirtschaftskrise und viele gescheiterte Investitionen ließen Stauch sein gesamtes Vermögen fast so schnell verlieren, wie er es zusammengetragen hatte. Ihm blieb eine einzige Farm in Südwestafrika. 1947 starb er auf Kur in Thüringen als armer Mann.

Bei diesem Teil der Geschichte stöhnte Hugo Pleitz immer kurz und laut auf, denn wären die Dinge anders gelaufen, wäre er auch als entfernter Verwandter immer noch Miterbe eines großen Vermögens gewesen. So aber war er Viehzüchter geworden. Als seine Kinder merkten, dass der Alte mit der Geschichte fertig war, wurde der Nachtisch aufgetragen. Welfenpudding – weißer Pudding mit gelbem Sekt-Eierlikörguss, die Farben des Herrscherhauses der Welfen also. Ich saß Ursula gegenüber, unsere Füße trafen sich während des Nachtisches unter dem Tisch.

Nach Weihnachten kam ein Brief von meinen Eltern. Mein Vater schrieb ins PS: »Du hattest 1936 übrigens recht mit dem sinkenden Schiff.« Ich musste schmunzeln. Der

Dickschädel von meinem Vater gab also tatsächlich einen Fehler zu, zwar mit fast zwei Jahrzehnten Verspätung, aber immerhin. Und sogar schriftlich, holla! ›Entweder sind Weihnachten und Ostern auf einen Tag gefallen‹, dachte ich, ›oder er hat sich wirklich geändert, der Alte!‹ In Dänemark war es den Eltern am Ende zu kalt und grau geworden. Da sagte ich mir: »Mensch, ich lasse die beiden auf unsere Farm nach Afrika kommen.«

Wie das Leben so spielt! Hatten wir uns früher über das Thema »Afrika« heillos zerstritten, erwogen meine Eltern in der Folge tatsächlich, ihren Lebensabend hier zu verbringen. Ein Brief nach dem anderen wurde geschrieben. Nach allem, was ich von Ostafrika erzählt hatte, war meine Mutter ohnehin schon begeistert. Und auch mein inzwischen über siebzigjähriger Vater erklärte sich für fit genug für die letzte große Reise seines Lebens. Mit dem Einverständnis der Witwe Grotmann baute ich auf der Farm »Hannover« ein zweites Haus, und Ende 1952 kamen meine Eltern in Südwestafrika an. Hier sollten sie die letzten Jahre ihres ereignisreichen Lebens wesentlich harmonischer verleben als die ersten siebzig.

Es war genau die Zeit, als ich mich sehr ernst und heftig in Ursula Pleitz verliebte. Der entscheidende Funke sprang kurz nach unserem ersten gemeinsamen Welfenpudding über, jedoch bei einem sehr traurigen Anlass. Ursulas Bruder Kurt starb nämlich so, wie viele weiße junge Menschen im südlichen Afrika nach ihm sterben sollten: bei einem Autounfall. Auf dem Weg zum Fußballfeld platzte der rechte vordere Reifen, der Wagen kam von der Schotterstraße ab und überschlug sich mehrmals. Kurt schien zunächst nur leicht verletzt. Doch tatsächlich hatte er beim Überschlag des Wagens aufgrund des nicht vorhandenen Anschnallgurts so starke innere Verletzungen erlitten, dass seine Mitfahrer erst am Ende der Weiterfahrt bemerkten, dass er auf dem Rücksitz verblutet war. Und das, obwohl Kurt nach dem Überschlagen und Umwenden des Wagens selbst wieder eingestiegen war und erklärt hatte, alles sei schon in Ordnung.

Drei Tage später fand die Beerdigung in Otavi bei strömendem Regen statt, was selten war in dieser Region. Nun waren Südwester-Trauerfeiern gleichzeitig auch immer Farmerversammlungen, weil so viele Menschen so viele Kilometer anreisten, um Abschied zu nehmen. Bei der Beerdigung saß vorn am Tisch ganz verloren Ursula. Ihre Eltern hatten genug mit sich selbst zu tun, um zumindest nach außen die Fassung zu wahren bei diesem Leichenschmaus. Bei Ursula aber flossen die Tränen in Strömen, so wie draußen der Platzregen: »Und der Himmel weinte mit.« Was in Europa eine Plattitüde wäre, das dachten hier alle, denn wann gab es schon einmal in diesem Land einen Platzregen? Der trockene Boden konnte das Wasser nicht aufnehmen, sodass die Straße vor der Leichenhalle unter Wasser stand. Ursula war pitschnass zur Gaststätte gelaufen und hatte sich ganz vorne hingesetzt. Doch der Stuhl neben ihr blieb frei, weil sich wohl keiner traute, direkt neben den Trauernden Platz zu nehmen. Als ich das »Minenhotel« zum Leichenschmaus betrat und Ursula da tropfend und weinend sitzen sah, ging ich ohne viel Nachdenkens zu ihr, nahm direkt neben ihr Platz und ergriff ihre zarte, kleine Hand. Was »die Leute« in dem Moment denken mochten, war mir herzlich egal. Wichtig war nur eines: Ursula nahm meine Hand und drückte sie ganz fest.

›Ein patentes Mädchen‹, dachte ich, auch wenn ihre Hände wenig Feldarbeit gesehen hatten, so weich waren sie. Ursula war acht Jahre jünger als ich, und ich befürchtete, sie bewunderte mich, den jungen alten Afrikaner, der schon so viel erlebt hatte und ganze Abende mit afrikanischen Geschichten gekonnt zu füllen wusste.

Auch wenn der alte Hugo Pleitz weit weniger enthusiastisch war als seine Tochter, waren Ursula und ich bereits kurz nach Ostern 1953 miteinander verlobt, und sie zog zu mir auf die Farm »Hannover«. Mit Missionar Baumann in Tsumeb einigten wir uns schnell auf einen Termin für die kirchliche Trauung. Doch plötzlich erhoben Ursulas Eltern Einspruch.

»Könnt ihr das nicht bis Weihnachten verschieben?«, fragte hinterhältig der alte Pleitz. »Das wäre doch einfacher und besser.«

Ich also wieder zum Missionar in Tsumeb, der mir sagte: »Weihnachten bin ich nicht hier. Macht doch erst mal die standesamtliche Trauung klar.«

Als ich sah, wie zufrieden der alte Pleitz ob der Verschiebung des kirchlichen Teils der Eheschließung wirkte, da dämmerte mir langsam, wo der Hase im Pfeffer lag.

»Sag mal, Hugo«, fragte ich meinen Schwiegervater in spe, »kann es sein, dass du etwas gegen die Kirchenleute hast?«

»Ja«, war die Antwort, »Tellereisen!«

»Nein, ich meine, wie findet du die Pfarrer hier?«

»Mit Spürhunden«, gluckste Pleitz laut lachend.

»Du hast also offenbar was gegen klerikale Schwarzröcke?«

»Natürlich«, konterte Pleitz trocken, »Landminen und Haubitzen!«

Ich fand diese Art von Humor weniger lustig, denn als christianisierter »Halbjude« war ich von meiner Großmutter durchaus fromm erzogen worden. Zwar war ich kein militanter Bibelwerfer, aber ich fühlte mich der Kirche verbunden und hatte besonders die Missionare im Internierungslager schätzen gelernt.

Und nun erfuhr ich, dass mein Schwiegervater das genaue Gegenteil war: ein Pfaffenfresser. Zu Weihnachten hatte er uns, das dämmerte mir nun, nicht ohne Hintergedanken Auszüge aus dem Tagebuch des berühmt-berüchtigten Schutztruppenhauptmanns Victor Franke (1865–1936) geschenkt – auch der ein Schlesier, und zwar aus Zuckmantel in dem Teil Schlesiens, den Österreich behalten hatte. Jener Franke war letzter Kommandeur der Kaiserlichen Schutztruppe in Südwestafrika, und darum hatte er auch bei der Kapitulation 1915 an einem Tisch mit den Südafrikanern gesessen. Berüchtigt war er vor allem für seine Achtundvierzigstundenritte durchs Schutzgebiet, aufgrund seiner Fähigkeiten als Pferdeflüsterer und nicht zuletzt wegen seiner vielen unehelichen Kinder mit Damara-Frauen, die bis heute in Namibia stolz seinen Nachnamen tragen. Franke selber war im Kern eher ein Misanthrop und ein echter »Philipp«, was auf Griechisch nichts weiter heißt als »Pferdefreund«. Seine Tagebücher enthielten mehr Namen von Pferden als von Menschen, denn mit Vierbeinern kam er offenbar besser aus als mit Zweibeinern. Nach Ende der Kolonialzeit 1915 kehrte Victor Franke nach Deutschland zurück und wurde höchst bürgerlich, ohne dass seine spätere Frau irgendetwas von seinen afrikanischen Eskapaden und deren in Windhoek herumlaufenden Konsequenzen ahnte. Und da sag einer, Leute würden sich nicht ändern!

Mein Schwiegervater und Pfaffenfresser Hugo Pleitz hatte mir mit voller Absicht die Kopien jener Teile des Franke-Tagebuchs geschenkt, in denen der Hauptmann ellenlang über die Missionare, deren Prüderie und vermeintliche Weltfremdheit herzog. Umgekehrt war im Tagebuch des betroffenen Missionars Olpp unter dem 1. Juni 1898 Folgendes kurzweilig zu lesen:

»Die zweite Sache, bei der wir zusammenstießen, war eine Saufgeschichte (wie Franke ja überhaupt ein wüster Trinker ist). Er feierte seinen Geburtstag, und ich ließ ihm, da Bruder Redecker hinüberging, durch denselben meinen Glückwunsch aussprechen. Mittags um ½ 2 Uhr nun kam Franke bis zur Bewusstlosigkeit betrunken auf mein Haus zugeritten und rief mir vom Pferde ein übers andere Mal zu, ich solle ihm Schnaps geben. Als ich ihm sagte, solchen bekomme er von mir nicht, wollte er absolut mit seinem Pferd in mein Haus hineinreiten, so wie er's eben bei Redeckers getan und hernach drüben noch mehrfach wiederholt hat. Ich verbat mir solche Störung, sprang ins Haus und schlug die Tür zu hoffend, dass er nun seiner Wege gehen würde. Trotzdem drang er, ohne dass ich es wusste, ins Haus ein und setze meine Frau durch seinen Zustand in einen derartigen Schrecken, dass sie voller Angst mich um Hilfe rief.«

Bei anderer Gelegenheit fiel dem Gottesmann eine Fotografie über einer lila drapierten Kiste im Wohnzimmer Victor Frankes auf. Zu sehen war der Hauptmann in Unterhose, der einem angeketteten Leoparden den Kopf lasziv kraulte, umgeben von vier barbusigen Damara-Schönheiten. Franke deutete darauf und sagte »Ist das nicht fein?«, was der Missionar mit einem kritischen »Na, na« quittierte. Darauf Franke lässig: »Na, Sie sind doch auch Student gewesen!« Und bezüglich seiner zur Schau getragenen »Lebenslust« kommentierte Franke lakonisch: »Machen Sie sich keine Gedanken. Ein großer Fluss tritt zuweilen über die Ufer, kehrt aber am Ende stets ins eigene Bett zurück.« Danach berichtete Offizier Franke von Feldaltären auf Haubitzen oder der Eisenbahnfahrt mit einem katholischen Missionar, Pater Malinowski, »einem Wasserpolen mit halber Lunge, der dicke Zigarren qualmte wie ein Fabrikschlot und mir im Eisenbahnabteil eine ganze Flasche Cognac aussoff, beides erste Klasse natürlich«. Wasser predigen und Wein trinken, das waren für Hauptmann Franke wie auch für Hugo Pleitz die Missionare im Schutzgebiet. Und auf deren kirchliche Trauung konnte man pfeifen.

Das einfach so zu akzeptieren, nun, das kam für mich natürlich nicht infrage. Ich wollte meine Ursula kirchlich ehelichen. Mochte der Alte noch so murren, keine Woche nach der standesamtlichen Trauung und anschließenden Feier im »Minenhotel« heirateten wir bei Missionar Baumann in Tsumeb doch noch kirchlich. Leider ohne die Eltern der Braut. Zu seiner Abwesenheit in der Kirche grummelte Pleitz nur: »Grundsätze sind eben Grundsätze. Anders als bei Rotwein, den die katholischen Missionare in Klein-Windhoek anbauten, pflege ich bei klerikalen Schwarzröcken allgemein strikte Abstinenz.« Voll des Lobes war er hingegen ob des geplanten Ziels unserer Hochzeitsreise, dem Waterberg: »Schön deutsch da und zudem nicht so teuer! Ganz ausgezeichnet!«

Ich aber dachte nur an einen britischen Offizier, der alle Internierten über sechzig Jahre von Strafen und Belehrungen quasi als vermindert schuldfähig ausnahm mit dem Satz: »Well, you don't teach an old dog new tricks.«

8. Kapitel
Entfremdungen

If you walk alone, you travel fast. If you walk together, you travel far.

Südafrikanisches Sprichwort

Ich erkannte, dass es sinnlos war, mit Ursulas Vater über Politik, Kirche oder dessen Prinzipien zu diskutieren. Dafür genossen wir umso mehr die Anwesenheit meiner Eltern bei diesem für uns so wichtigen Ereignis, die sich freuten, gerade rechtzeitig gekommen zu sein. Und sie verstanden sich mit Ursula prächtig.

Wie weit her es mit den eigenen Grundsätzen meines Schwiegervaters war, das sollte ich keinen Monat später erfahren. Es war am Tag von Ursulas Geburtstag, den wir in Otavi feierten. In der Nähe des Bahnhofs kam mir eine Frau, eine Bergdamara, entgegen. Dieses Volk wurde von den Weißen darum abschätzig »Klippkaffer« genannt, so wie sich manch einer den »Spaß« machte, alle Schwarzen »Dunkelgrüne« zu nennen. Diese mir völlig unbekannte Damarafrau begrüßte mich mit »Hallo Schwager«. Ich blieb verdutzt stehen und sah sie mir genauer an.

»Wer sind Sie denn?«, fragte ich.

»Ich bin doch die Adelheid«, war die verblüffende Antwort. Meine Verwunderung wuchs.

»Ja, und was heißt hier Adelheid«, wollte ich wissen, »und warum muss ich grüßen?«

»Na, ich bin doch das erste Kind von Mister Pleitz, ich bin Ursulas Halbschwester.«

Da war ich erst einmal platt. Adelheid erzählte mir, ihre Mutter heiße Magdalena und ihr Vater sei niemand anderes als mein Schwiegervater, Hugo Pleitz. Da fiel bei mir der Groschen, wenn auch pfennigweise. So war das also. Als Hugo Pleitz 1929 nach Otavi kam, war er noch unverheiratet gewesen. Damals saß der Ehemann dieser Bergdamara Magdalena draußen auf einem Viehposten, weit weg vom ehelichen Bett. Und so passierte es eben.

»Meine Mutter hatte einige Jahre später noch eine weitere Tochter mit einem Damara, meine Halbschwester«, erzählte mir Adelheid unumwunden. »Und mit Mutter trifft sich Herr Pleitz bis heute mehrmals die Woche.« ›Schau an, der Alte!‹, dachte ich mir.

Nach dieser erhellenden Begegnung mit meiner unverhofften Schwägerin wurde mir klar, dass ein solches Verhalten mitnichten nur für den ehemaligen Schutztruppler Hugo Pleitz zutraf. Nein, in Sachen Rassenbeziehungen ging es in Südwest querbeet und querfeldein zu. Darum hatten die Deutschen nach 1904 sogenannte »Mischehen« zwischen Schwarz und Weiß in Südwest verboten und sogar mit ausdrücklicher Zustimmung der Missionare die Einreise von weißen Prostituierten ins Schutzgebiet erlaubt, die genau wussten, was da zwischen den Geschlechtern und vor allem auch den Rassen allnächtlich passierte. So waren damals über sechzig Prozent der weißen Minenarbeiter in Tsumeb und Otavi mit Syphilis infiziert, die ebenfalls aus Europa importiert worden war und über die Bordelle bis hin in die Kraals der Einheimischen im ganzen Land verbreitet wurde.

Als das der Otavi-Missionar nach Berlin weitermelden wollte, bekam er rechtzeitig genug Druck aus Windhoek. Denn offenbar wusste jeder außer mir, was da vorging, aber niemand sprach darüber. Fast zwei Jahre hatte es gedauert, bis ich merkte, wie im Hause Pleitz der falsche Hase hüpfte.

Eines Abends hörte ich in der Kneipe folgenden Witz: »Warum ist bei den Südwester-Männern der rechte Mundwinkel immer etwas heruntergezogen? Weil sie mindestens einmal täglich heimlich ihrer Ovambomagd mit vorgehaltener Hand hinterher nuscheln: ›Heute Abend um elf hinter der Garage.‹« An diesem Tag schwor ich mir, von nun an »farbenblind« zu werden. Die Afrikaner waren vielleicht nicht die besseren, aber sicherlich auch nicht die schlechteren Menschen im Vergleich zu den meisten Kolonialdeutschen. Wie sollte ich vor solchen arroganten weißen Südwestern wie Pleitz Respekt haben, die in all ihrer Scheinheiligkeit von den »Dunkelgrünen« und »Kaffern« schwadronierten und beim kleinsten Vergehen ihre Knechte mit vierzig Schlägen auspeitschten, um dann abends mit deren Schwestern in den Büschen zu verschwinden? Diese Doppelmoral machte mich rasend. Schließlich war ich ein deutscher Junge, der nicht lügt, und hatte dadurch eine sehr geringe Toleranzschwelle für diejenigen, die es mit der Wahrheit nicht so genau nahmen und anderen etwas vormachen wollen, was sie nicht sind. Es schien eine ungeschriebene Regel, dass die Deutschen untereinander über solche Themen nicht sprachen, sondern sich umso geduldiger die Lügen und Schönrederei der anderen anhörten, weil man ja selbst deren Geduld für die eigenen *war stories* und halb wahren Jagdgeschichten wieder beanspruchen würde. Der kaisertreue Herr von Prittwitz oder der feine Herr Pleitz, die hatten dann halt »einen aktiven Lebenswandel«. Hinter dem Rücken verachtete man einander dafür vielleicht, aber die meisten wussten ja nur zu genau um die Leichen im eigenen Keller. Immer mehr fühlte ich, dass ich in diese Gesellschaft nicht hineinpasste und es auch gar nicht wollte.

Ursula und ich wurden im Herbst 1953 Eltern einer prächtigen Tochter, Hedwig, genannt nach der heiligen Hedwig von Breslau. Zwei Jahre später folgte unsere Rosi. Die junge Familie wuchs also und wollte versorgt werden, und ich begann, über eine berufliche Neuorientierung nachzudenken. Da erfuhr ich von einem Kollegen, den ich aus dem Internierungslager kannte, dass er seine Stellung bei der amerikanischen Tsumeb Mining Corporation aufgeben wollte. Seinem Nachfolger wurde ein fantastisches Gehalt von siebzig Pfund angeboten. Bei Frau Grotmann, die alles andere als knickerig war, verdiente ich gerade mal 25, das war das übliche Gehalt. Es fügte sich glücklich, dass im selben Jahr ein Neffe von Frau Grotmann, ein österreichischer Generalssohn, in Otavi eintraf und bereit war, meine Stelle auf der Farm zu übernehmen. Ich bewarb mich bei der Minengesellschaft und erhielt den Posten, den ich sieben Jahre innehaben sollte.

Meine neue Aufgabe als Farmverwalter auf der den Amerikanern gehörenden Riesenfarm der Minengesellschaft war – ähnlich wie mein Gehalt – um ein Vielfaches größer als zuvor auf der Farm »Neuhorst« und später auf der von meinen Schwiegervater gepachteten 8000-Hektar-Farm »Heias«. Der Farmbetrieb der Tsumeb Mining Corporation gehörte zu einem riesigen Betrieb mit Ländereien in den USA, einem *global player*, würde man heute sagen, und die Farm in Südwestafrika war bei aller Größe sozusagen »nur« eine kleine Außenstation. Hier war ich verantwortlich für 110 000 Hektar Land und 7000 Rinder, das war mehr als das Zehnfache wie bei der Witwe Grotmann oder Hugo Pleitz. Nur um mal eine Vorstellung von der Größenordnung zu vermitteln: Die Ostfriesischen Inseln sind deutlich kleiner. Ein Hektar umfasst 10 000 Quadratmeter, und es gab Farmen in Südwestafrika, die größer waren als das Bundesland Hessen.

Doch damit nicht genug: Im Nebenamt wurde ich auch noch Molkereidirektor. Gleichzeitig musste ich mich in Tsumeb um 350 afrikanische Arbeiter kümmern, die auszuzahlen waren. Sie kamen aus allen Gegenden: Hauptsächlich aus dem Ovamboland aus dem Norden, »Kontraktovambos« genannt, daneben gab es auch Nama, Damara und einige wenige Herero, die die Katastrophe von 1904 überlebt hatten. Die meisten waren Saisonarbeiter und wanderten aus ihren Dörfern und Kraals nach Otavi zu den Ernten.

Ich kam trotz der gigantischen 110 000 Hektar gut klar mit meiner neuen Aufgabe, ja, sie gefiel mir jeden Tag besser. Es schien so, als würde sich hier meine selbst gewählte Farbenblindheit und das konsequente Ignorieren des Mottos meiner Tante »Geh nich zu nah ran!« jeden Tag aufs Neue auszahlen. So kam es, dass ich in beiden Welten zu leben lernte, in der weißen wie in der schwarzen, und immer mehr fühlte ich mich in Letzterer heimisch. Warum? Die Afrikaner hatten wie andere auch ihre Macken, aber sie gingen herzlicher und behutsamer miteinander um. Geld war für sie weniger ein Thema als das Investieren in Freundschaften. Für sie war die Anzahl der Freunde wichtig, die Größe ihrer Familien zählte für sie mehr als Hab und Gut. Und was mir am meisten gefiel: Sie lebten in der Gegenwart, während wir Deutschen uns stets um den nächsten Tag und das nächste Jahr sorgten. Eines Sonntags legte der Pfarrer die berühmte Stelle der Bergpredigt aus: »Sehet die Vögel unter dem Himmel an. Sie säen nicht, sie ernten nicht, sie sammeln auch nicht in Scheunen, und euer himmlischer Vater nährt sie doch.« Da dachte ich mir, dass man dieses Wort den Afrikanern in der Missionskirche nicht zweimal erklären musste. Wie aber konnte man die Weißen dazu bringen, sich weniger um Irdisches zu sorgen? Und wie konnte ich meinen schwarzen Arbeitern vermitteln, dass Arbeit auch Freude machen kann und etwas mit Würde zu tun hat? Die meisten Afrikaner sahen Arbeit nur als Broterwerb. Aber wer weiß, vielleicht wirkten sie deshalb auch viel glücklicher als mancher Weiße?

Dass mein freundlicher Umgang, ja meine offene Sympathie mit den Afrikanern bei vielen deutschstämmigen Farmern nicht gut ankam, sollte ich bald zu spüren bekommen. Bei der Corporation waren es oft afrikanische Familien mit alten Leuten, die draußen an den Grenzen der Farm »am Posten« auf das Vieh und die Zäune aufpassten. Starb der Mann, zahlte ich dessen Gehalt seiner Witwe weiterhin aus – verbunden mit der Auflage, aus ihrer Familie einen jungen Mann zu suchen, der ihr nun bei der Erledigung der Arbeit half. Diese durchaus sinnvolle Umschichtung innerhalb der afrikanischen Familien blieb nicht unbemerkt. Eines Tages rief mich der amerikanische Chef der Minengesellschaft in sein Büro und hielt mir ein Schreiben vor die Nase: eine anonyme Anzeige auf Deutsch, in der stand, ich würde das Geld der Minenfarm an Verstorbene weiterzahlen und in die eigene Tasche stecken. Irritiert wollte der Amerikaner wissen, was denn an der Geschichte dran sei. Keine drei Stunden später erschien ich mit vier schwarzen Großfamilien im Büro des Vorstandsvorsitzenden, die meinen Bericht und meine Richtigstellung der Verhältnisse unabhängig voneinander bestätigten. Der Amerikaner grinste säuerlich und legte die Sache zu den Akten. Das Säuerliche in seinem Grinsen rührte daher, dass er selbst von einer Baumwollfarm in Tennessee stammte und als überzeugter Südstaatler Rassentrennung durchaus billigte. Und nun war er der erste Chef einer Mine, dessen Büro jemals von Afrikanern betreten worden war, und zwar gleich von dreißig auf einmal, angeführt von einem renitenten weißen Farmverwalter. Mit dieser Flucht-nach-vorn-Strategie hatten meine Feinde unter den deutschen Farmern natürlich nicht gerechnet, der Vorwurf der Korruption aber war damit vom Tisch.

Tatsächlich war es während meiner Zeit als Farmverwalter für die Tsumeb-Corporation, dass ich lernte, afrikanisch zu denken und die Sprachen meiner Arbeiter zu sprechen. Auch ökonomisch war dies die erfolgreichste Episode in meinem langen Leben. Meine Vorgesetzten waren zufrieden, denn alles lief reibungslos, und für einige Jahre war, alles gut. Und ich hätte es dabei auch belassen sollen. 1956 kam unser lang ersehnter Sohn Joachim zur Welt. Fehlte etwas zu unserem Glück? Doch dann ließ ich mich dazu überreden, ein weiteres Motto meines Vaters sträflich zu vernachlässigen, das da lautete: »Mach nie Geschäfte mit Verwandten!« Wie konnte das passieren?

Mein Schwiegervater Hugo Pleitz hatte das gemacht, was die meisten Deutschen seines Alters in Südwestafrika taten. Er setzte sich traditionell am Meer zur Ruhe, in Swakopmund. Eigentlich ein wunderbares Städtchen, eine Mischung aus Ostseebad und riesigem deutschen Altersheim. Zu Kolonialzeiten diente es den Deutschen als Hafen, während die Engländer und Südafrikaner keine dreißig Kilometer südlicher Walvis Bay als ihren Tiefseehafen nutzten. Swakopmund war die deutscheste aller Städte in Südwestafrika und hatte so betont afrikanisch klingende Lokalitäten zu bieten wie das »Café Anton« oder das »Café Treffpunkt«, da ältere deutschsprachige Herrschaften ja bekanntlich pünktlich um 16 Uhr gerne Kaffee und Kuchen zu sich nehmen. Vorzugsweise gebackene Käsesahne oder Schwarzwälder Kirsch, serviert von einer Ovambokellnerin in makellosem Deutsch. Um sich das teure Leben in Swakopmund aber leisten zu können, verkauften viele Südwester mit Erreichen ihres Rentenalters mehr oder weniger gewinnbringend ihre Farmen. Hugo Pleitz hatte mich dazu ausersehen, 1961 seine Farm zu übernehmen. Für eine ordentliche Pacht in zu verkaufenden Rindern, versteht sich, denn ein Pleitz verschenkt nichts.

Ich war nicht begeistert. Warum sollte ich meine ausgezeichnete Stellung als Farmverwalter der Minengesellschaft aufgeben, in der ich geschätzt wurde und Erfolg hatte, zugunsten einer alten Farm von weit geringerer Größe? Doch Ursula wünschte sich so sehr von mir, ihrem Vater diesen Gefallen zu tun, um »nach Hause« zurückzukehren, auf der Farm ihrer Eltern zu leben und dort die Kinder aufwachsen zu sehen. Ich war noch nie gut darin, Wünsche von Menschen abzuschlagen, die mir nahestehen. Und schließlich willigte ich eines Tages in dieses schlechte Geschäft ein.

Ich gab meine Stelle bei der Tsumeb Corporation auf und schloss den Pachtvertrag mit Hugo Pleitz. Was soll ich sagen? Diese Verpachtung war ein Fehler, der uns im Laufe der Jahre nicht nur finanziell in Schwierigkeiten brachte, sondern auch unsere Ehe ruinierte. Die Farm lief nicht gut, Dürrejahre gaben sich die Klinke in die Hand, und ich glaube, erst da merkte Ursula, was es bedeutet, kein festes Gehalt mehr zu bekommen, sondern allein von dem Erwirtschafteten zu leben – oder auch nicht. Dann war natürlich ich der Schuldige, ihr Vater habe das alles viel besser gemacht, hieß es. Zu allem Überfluss kam der alle paar Monate persönlich aus »Schwachkopfmund« angereist und hatte nichts Besseres zu tun, als seinen Schwiegersohn zu belehren, wie denn so ein Laden »richtig« zu führen sei. Klar, ein Kinderspiel für den Alten, und einer seiner klugen Sätze stimmte natürlich immer: »Dumm, das sind immer die anderen!« Inzwischen waren auch unsere Töchter Uta und Marianne geboren, die älteren jedoch mussten schon auf das Internat für Farmerskinder. Dafür brauchten wir jeden Rand, und vor lauter Sorgen konnte ich nachts nicht mehr schlafen, denn nach und nach rutschte unsere Farm, wie so viele Farmen im Norden, immer tiefer in die roten Zahlen.

Es war eine schreckliche Zeit. Ich kannte das gar nicht, diese Unzufriedenheit, diese belastende Atmosphäre zwischen Ursula und mir, die sich angewöhnte, schweigend vor sich hin zu starren, und mir immer mehr entglitt. »Not schweißt zusammen«, heißt es, doch bei uns war es umgekehrt, die Stimmung daheim wurde zunehmend schlechter, angefeuert durch die notorische Knappheit an Geld und Zeit. Ich arbeitete mich krumm auf einer Farm, die ihre besten Jahre hinter sich hatte. Und dann war es so weit: Nach mehreren Jahren Dürre in Folge war die Farm am Ende und kein Kredit einer Landwirtschaftsbank mehr zu bekommen. Umsonst gab es nur noch Mitleid, während ich mir früher wenigstens noch den Neid erarbeiten konnte.

In jenen Jahren fühlte ich mich schrecklich allein. Mein Vater war auf der Farm »Hannover« friedlich verstorben, und meine Mutter hatte beschlossen, zurück nach Deutschland zu gehen, wo sie bei meinem Bruder Klaus ihre letzten Jahre verlebte. Und ich tat, was ich konnte. Ab Mitte der 1960er-Jahre übernahm ich für die Kirchengemeinde Otavi zusätzliche Dienste, landwirtschaftliche Beratung und Fahrten gegen ein geringes Entgelt, um zumindest einigermaßen während der langen Trockenzeiten über die Runden zu kommen. Ich wunderte mich nicht, dass auch die weiße lutherische Kirche nur wenig mehr als den Gotteslohn zahlte, aber immerhin war es etwas. Durch diese Zusammenarbeit wuchs ich stärker in die Gemeinde hinein und wurde zum Kirchengemeindevorstand gewählt. Ursula war nicht so sehr an der Kirche interessiert, ich aber nahm unsere Kinder jeden Sonntag mit zum Kindergottesdienst. Mein Schwiegervater sah das als Pfaffenfresser natürlich gar nicht gern, vor allem war ihm mein zeitliches Engagement für die Kirchengemeinde ein gewaltiger Dorn im Auge. Mit zunehmendem Altersstarrsinn lag er seiner Tochter in den Ohren, welch einen Versager sie da geheiratet habe. Als ich mich zur Ordination als Pfarrer der deutschen Gemeinden entschied, war das Fass offenbar voll.

»Ein Negerfreund und jetzt auch noch ein Betbruder«, tobte Hugo Pleitz in meiner Gegenwart los. Ich sah Ursula an. Die stand einfach nur da, wandte den Blick ab und sagte nichts. Da verstand ich, dass der Keil, der zwischen uns getrieben worden war, bereits fest saß. Meine Frau stand nicht mehr zu mir, hatte sie es jemals getan?

Es ist schlimm, wenn sich zwei Menschen, die sich einmal liebten, so voneinander entfernen. Bei uns gab es keine Streitereien, keine Diskussionen, sondern – was ich viel schlimmer fand – eisiges Schweigen. Ursula litt und zeigte mir das, aber ich fand keinen Weg mehr zu ihr, um sie zu trösten oder mit ihr gemeinsam Trost zu finden. War ich auch sonst schlagfertig, konnte ich noch so gut mit Menschen umgehen, so war ich im Fall meiner Ehe hilflos und scheu. Ich verlor mehr und mehr meine Lebensfreude, Mutlosigkeit machte sich breit. Und was ich hier in wenige Sätze zusammenfasse, dauerte ein ganzes Jahrzehnt an. Zehn Jahre, bis ich keinen Ausweg mehr wusste.

Unsere Kinder waren ein großer Lichtblick für mich in jenen schwierigen und bedrückenden Jahren. Sie gediehen prächtig, und zu meiner großen Erleichterung übernahmen sie von mir die »Farbenblindheit«, die Weltoffenheit und Toleranz. Eine meiner Töchter sollte später einen *coloured*, einen Farbigen, heiraten. Mein Sohn Joachim, der sich zum Glück viel besser mit seinem Großvater Hugo Pleitz verstand als ich, übernahm später die Farm von Hugo gegen einen sehr günstigen Kaufpreis. Zu allen meinen Kindern hatte ich immer ein gutes und herzliches Verhältnis, wofür ich bis heute Gott dankbar bin.

Ja, in diesen Jahren brauchte und fand ich Trost im Glauben. War ich zu Hause der Versager, so machte es mir Freude, in der Kirchengemeinde mit anderen Menschen über Glaubensfragen Gespräche zu führen und die kirchlichen Feste gemeinsam zu feiern. So traurig es ist – ich war lieber dort in der Gemeinde als zu Hause bei meiner Frau. Dazusitzen und sich gegenseitig anzuschweigen, darin war ich noch nie gut gewesen. Ich litt darunter, diese Situation nicht ändern zu können, und fühlte mich umso mehr als Versager. »Du bist einfach ein Trottel«, sagte ich mir wieder und wieder. Dass Ursula und ich schlicht vollkommen unterschiedliche Ansichten darüber hatten, was den Wert eines Lebens ausmacht, was uns tief innen glücklich macht, das konnte ich erst später erkennen. So kam es, dass wir beide über so viele Jahre hinweg nicht den Mut hatten, uns einzugestehen, dass wir einfach zu verschieden waren. Ursula war immer behütetes Produkt einer so reichen wie provinziellen Upper-Class-Familie und damit Teil einer Gesellschaft gewesen, die gern im »Deutschen Club« in Otavi Frankfurter Kranz aß und unter sich blieb. Ich dagegen brachte ganz andere Erfahrungen in meinem jüdisch-preußisch-südafrikanischen Marschgepäck mit. Ein solcher Stillstand, wie ich ihn jetzt in meiner Ehe erlebte, war unerträglich für mich. Ich war daran gewöhnt, dass es weiterging, dass ich neue Erfahrungen machen konnte, neue Menschen treffen, meinen Horizont erweitern. Ja, genau das war meine Natur und ist es bis heute. Und immer mehr fühlte ich mich zu den Afrikanern hingezogen als zu den Weißen in Südwest. Ich finde, dass sie eine Lebensklugheit besitzen, von der wir uns eine gewaltige Scheibe abschneiden können. Damals sah ich, wie lustig die waren, wie sie zwar feierten und ihr Geld verprassten, und das gleich am Zahltag, aber wenigstens wussten sie zu leben. Sie beherrschten, was unser Lateinlehrer als die »ars vivendi«, die Lebenskunst mühsam zu definieren versuchte. Außerdem waren sie echte Familienmenschen. Ja, in jenen Jahren war ich oft neidisch darauf, kein Afrikaner zu sein. Doch als guter Ehemann biss ich die Zähne zusammen und hielt durch, und Ursula machte genau dasselbe. Nur irgendwann ist dann nichts mehr da, wo man draufbeißen kann.

Als ich mit der mir aufgenötigten Farm scheiterte, fühlte ich mich wie eine leer gesaugte Flasche. Wozu hatte ich all das aufgebaut, wenn jetzt alles verloren ging? Wäre ich doch bei der Tsumeb Corporation geblieben, dort hätte ich weiter gutes Geld verdient, wenigstens solange die Kinder noch im teuren Internat waren. Oder vielleicht hätte ich nach Ostafrika zurückgehen sollen oder gleich nach Potsdam? »Hätte, hätte, Fahrradkette. Hätte, könnte, wäre. Alles Konjunktive!«, hatte mein Lateinlehrer Dr. Burow immer gesagt und ein Zitat nachgelegt, das ich zeitlebens wie ein Lebensmotto nie vergas: »Selig ist, wer vergisst, was nicht mehr zu ändern ist.« Es war der Satz des Notars in der »Fledermaus«.

Schließlich fand ich auch die Kraft dazu, die Strategie anzuwenden, die ich schon beim Rausschmiss aus der Potsdamer Kadettenanstalt so erfolgreich praktiziert hatte: Bei sicherer Erkenntnis einer Sackgasse half nur ein ehrlicher Neuanfang! Nur war ich jetzt keine achtzehn mehr, sondern näherte mich meinem fünfzigsten Lebensjahr. Zu spät also? Mitnichten! Langsam, aber sicher reifte in mir die Erkenntnis, dass ich mich zunächst finanziell am eigenen Schopf aus dem Sumpf ziehen musste.

Seit vier Jahren übte ich nun auch die Tätigkeit eines ausgebildeten Laienpredigers in Otavi aus, und diese Arbeit für die Kirche und meine Mitchristen schenkte mir eine Erfüllung, wie ich sie noch nie verspürt hatte. Ich begriff, dass hier meine eigentliche Stärke und Berufung lag: auf Leute zuzugehen, ihnen die Frohe Botschaft zu vermitteln und im Leben und Sterben an ihrer Seite zu sein. Außerdem verstand ich besser als jeder andere Weiße die afrikanische Kultur.

Bei meinem Neuanfang ging ich systematisch vor: Warum sollte ich meine Fähigkeiten als Landwirt, Prediger und »Negerfreund« nicht miteinander verbinden und ordinierter Pfarrer werden, um mich dabei gleichzeitig als Farmer um kirchlichen Landbesitz in Südwestafrika zu kümmern? Christliche Landwirtschaft – das war es doch! Dies war meine eigentliche Berufung. Dazu fehlte nur noch eine Kleinigkeit: Der Bischof in Windhoek musste mich dazu nur noch ordinieren.

Es wurde mein »langer Marsch«, bis ich vom Tropenlandwirt zum Geistlichen werden sollte. Da Südwestafrika in jenen Jahren noch keine Universität hatte, konnte ich im südafrikanischen Pietermaritzburg mit einigen Präsenzkursen in Windhoek studieren. Zwar war ich nicht mehr der Jüngste, dafür aber das erste südwestafrikanische Eigengewächs, das diesen Weg einschlug. Und da ich der Kirche ja schon im Nebenamt als Laienprediger gedient hatte und sonntäglich predigte, sollte das doch klappen – dachte ich zumindest. Als Laienmitglied der Kirchensynode ahnte ich aber auch, dass eine Kirchenleitung zuweilen politischer sein konnte als Ohm Krüger und Peter W. Botha zusammen. Als die Synode tagte, um über mein Studium zu beraten, war das Hauptproblem weniger mein Alter als mein gutes Verhältnis zu den Schwarzen. Schließlich sollte ich am Ende in einer weißen Gemeinde arbeiten, und da passte diese Einstellung einigen gar nicht. So fand ich morgens am Tag vor der Synodensitzung ein großes Plakat an der Tür meiner Farm: »Negerfreunde und Kommunisten schikkt man nicht studiren!« Ich wusste nicht, ob ich lachen oder weinen sollte. Was mich mehr irritierte als der Text und dessen orthografische Fragwürdigkeiten war die Tatsache, dass jemand offenbar vorher herausgefunden hatte, was von der Synode beschlossen werden sollte. Das war doch aber alles vertraulich! Ich nahm das Plakat sorgfältig ab, trug es zum Stellvertreter des Bischofs und sagte ihm zum Thema Vertraulichkeit gründlich meine Meinung. Sollte diese gerade in unserer Kirche nicht noch mehr geachtet werden als anderswo? Nur ein Synodenmitglied konnte der Verfasser dieses anonymen Plakats gewesen sein, oder jemand, der mit einem solchen in engem Kontakt stand.

Als der Stellvertreter des Bischofs das hörte, lächelte er bloß mit einer Mischung aus Überlegenheit und Mitleid:

»Aber Bruder Pauly«, meinte er dann, »Sie sind doch politisch alles andere als naiv. Zum einen wissen Sie sicher genau, dass die Weißen in diesem Land immer an der nassen Wand schlafen, und da sickert eben einiges durch. Und zum Zweiten will ich Ihnen was von meiner eigenen Wahl erzählen: Drei meiner zwanzig Synodalen arbeiteten nebenbei für den südafrikanischen Geheimdienst. Das wusste ich natürlich und verhielt mich entsprechend. Als die Synode während meiner Wahl kurzfristig vertagt werden musste, weil einige wichtige Seiten mit Zeugnissen aus meiner Personalakte verschwunden waren, ging das Rundschreiben mit dem Hinweis auf Vertagung zwar noch an alle Synodalen den Abend zuvor raus. Leider erreichte es aber keinen von uns mehr rechtzeitig. Am nächsten Morgen um 9 Uhr wollte die Synode dann wählen, was wegen der fehlenden Zeugnisse rechtlich aber nicht ging. Und was war? Ausgerechnet meine drei Spezis vom Geheimdienst waren an diesem Morgen erst gar nicht erschienen! Wegen einer noch gar nicht zugegangenen Absage, von der sie doch offiziell gar nichts wissen konnten! Sie sehen: Gelernt ist eben gelernt, und auch in unserer Kirche gibt es genug Figuren, die sich nicht entblöden, einem so ein Plakat an die Tür zu hängen. Sie sollten also nicht überrascht sein, wenn Ihnen so etwas an die Tür genagelt wird bei Ihrer Einstellung zu den Schwarzen. Ich respektiere diese, aber letztlich ist meine Aufgabe als Vizebischof doch die, einen Laden zusammenzuhalten.«

»Und ich bin sicher«, antwortete ich ungerührt, »dass es unseren ›Laden‹ schon lange nicht mehr gäbe, wenn unser Gründer aus Nazareth seine Aufgabe so verstanden hätte wie Sie.«

Autsch, das saß. Ja, ich gebe gerne zu, Diplomatie gehörte nie zu meinen Stärken. Die Wahrheit saß mir einfach immer so weit vorne auf der Zunge, dass es mir unmöglich war, sie hinunterzuschlucken zugunsten einer falschen Höflichkeit. Ein guter Bischof wäre aus mir sicher nie geworden und auch kein guter Diplomat, glattgeschliffen wie Eierkohle. Doch das strebte ich ja auch nie an. Ich wollte Pfarrer werden, und zwar für Menschen jeder Couleur. Ein Typ Don Camillo auf Afrikanisch, mit großem Herzen und ebenso großem Mundwerk. Und wenn es an diesem Tag auch ganz und gar nicht danach aussah: Am Ende wurde ich, der Negerfreund, doch noch zur Entsendung bestimmt, und zwar mit genau einer Stimme Mehrheit, meiner eigenen. Genau wie damals beim bundesdeutschen Kanzler Adenauer, jenem Menschen, für den es nicht nur eine, sondern gleich drei Stufen der Wahrheit gab: die einfache, die reine und die lautere – je nach Bedarf.

1967 konnte ich also endlich gemeinsam mit drei Mitstreitern meinen Theologiefernkurs via Pietermaritzburg, Südafrika, beginnen in Kooperation mit der University of South Africa in Pretoria, der südafrikanischen Fernuniversität. Einheimische weiße Pfarrer waren in jener Zeit gesucht, da einige deutsche Theologen aufgrund der verschärften Apartheid Südwestafrika bereits den Rücken gekehrt hatten und lieber in Deutschland eine Pfarrstelle antraten. Genau das war für mich bei allen persönlichen und finanziellen Problemen keine Option, denn der Gemeinde, den Schwarzen wie den Weißen, den Rücken zu kehren wäre mir wie Fahnenflucht erschienen. Dann hätte ich mich in der Tat wie eine Ratte gefühlt, die das sinkende Schiff verlässt. Es war völlig offensichtlich, dass es im Land alles andere als gerecht zuging, und es musste sich dringend etwas ändern in Südwestafrika. Dazu wollte ich meinen Beitrag leisten. Und als Pfarrer, so dachte ich mir, hätte ich weit mehr Möglichkeiten, das auch zu tun. Mein theologischer Fernkursus dauerte bis 1971. Das bedeutete: jahrelanges

Lernen, aber auch weiterhin meiner Arbeit nachgehen. Tagsüber schuftete ich auf unserer und auf benachbarten Farmen, damit wir einigermaßen über die Runden kamen, und abends büffelte ich bis spät in die Nacht das Griechisch des Neuen Testaments oder die Kirchengeschichte der Reformationszeit. Für einen Mann in meinem Alter war das keine kleine Sache. Leider wurde der Abstand zwischen mir und Ursula in diesen Jahren noch größer, die Kluft immer tiefer. Ursula und mit ihr der alte Pleitz wollten partout nicht einsehen, warum sich ein Mittfünfziger um Fragen der Theologie scherte, statt eine Farm zu sanieren, die finanziell am Ende war. Ich dagegen reagierte mit Trotz, denn ich fühlte mich für unsere akute Geldnot nicht verantwortlich. War es nicht meine Frau im Verein mit ihrem Vater gewesen, die mir die marode Farm aufgenötigt hatte? Ich hätte auf meine innere Stimme hören müssen, hätte mich nicht überreden lassen dürfen. Plötzlich war ich an allem schuld. Und nun wollte Ursula mir auch noch meinen Lebenswunsch verleiden, Theologe zu werden? Schließlich war dieser Wunsch nicht einfach so vom Himmel gefallen, nein, bereits im Internierungslager hatte ich mich ja intensiv für die Theologie interessiert und meine ersten Studien betrieben. Als Kirchenältester in Otavi fühlte ich mich weit wohler als auf der Farm. Hier hatte ich eine Perspektive und konnte mich über alles mit Mitchristen austauschen. Schließlich war es auch das Geld, das ich bei der Kirche verdiente, mit dem wir für unsere Kinder das Internat bezahlen konnten. War das alles nichts?

Ich glaube, diese doppelte Belastung konnte ich nur deshalb einigermaßen bewältigen, weil es für mich in meinem Alter eine zwar zuweilen mühevolle, aber auch großartige Erfahrung war, den roten Faden meines Lebens, nämlich mein Interesse an der Theologie, wieder aufzunehmen, den ich Jahrzehnte zuvor im ostafrikanischen Internierungslager in die Hand genommen, aber zwischen all der vielen Farmarbeit wieder verloren hatte. Mein Alter kam mir auf der anderen Seite auch zugute, denn es ist einfacher, den eigenen Glauben von der historisch-kritischen Theologie hinterfragen zu lassen, wenn man eine gewisse Lebenserfahrung und Reife besitzt, als wenn man mit seinen achtzehn Jahren frisch aus dem Kindergottesdienst an die Universität kommt. Ich hatte wahrlich genug erlebt, um darauf vertrauen zu dürfen, dass Gott auch in der dunkelsten Stunde, in der schwierigsten Situation für seine Menschenkinder da ist.

Am 8. Februar 1976 wurde ich schließlich nach langem Warten in Windhoek als Pfarrer der deutschen Gemeinden ordiniert, als der älteste und gleichzeitig erste südwestafrikanische Pfarrer, der nicht aus Deutschland importiert werde musste. Viele dachten, ich hätte mir einen Lebenstraum erfüllt und das alles spielend erreicht. Das stimmte natürlich nicht im Geringsten. Meiner Ordination voraus ging ein bleiernes Jahrzehnt, das ich heute als das schwierigste meines Lebens bezeichnen möchte. Was mir meine Ehe in diesen letzten Jahren so besonders schwer werden ließ, war die Enge, die Einschränkung, die mich fast ersticken ließ. Mein Konfirmationsspruch, den ich damals in der Potsdamer Garnisonkirche erhalten hatte, stammte aus Galater 5,1 und hing lange Zeit wie eine Drohung über meinem Schreibtisch: »Zur Freiheit hat uns Christus befreit.« Will heißen: »Mach was aus deinem Leben, Peter, du hast nur das eine!«, hörte ich ihn sagen. Während die Zeit als ostafrikanischer Kaffeefarmer einen der Höhepunkte meines Lebens bedeutet hatte, war es nicht etwa die Internierung gewesen, die meinen persönlichen Tiefpunkt markierte, sondern die Zeit in meiner unglücklichen Ehe auf einer Farm in tiefroten Zahlen. Also musste ich gehen. Geldnot, Einförmigkeit, ein störrischer, ständig dazwischenfunkender Schwiegervater. So wurde aus einer großen Liebe über die Jahre ein alter Hut, den man irgendwann aussortiert und in die Altkleidersammlung legt. Wie so viele vor und nach uns waren Ursula und ich uns 1952 absolut sicher gewesen, dass uns das niemals passieren würde, die Geschichte mit dem alten Hut. Nun war es doch geschehen.

Ich nahm es Ursula nicht übel, dass es so eintönig und kalt in unserer Ehe geworden war. Mir war klar, dass auch ich meinen Anteil daran hatte. Und doch wollte ich so nicht weiterleben. Zwei Jahre nach meiner Ordination, 1978, wurden wir geschieden. Ich fühlte mich schrecklich, denn niemand heiratet, um sich eines Tages wieder scheiden zu lassen. Und doch war mir klar, dass es keine Alternative zu diesem Schritt mehr gab.

Die erste Zeit danach fühlte ich mich wie ein familiärer Totalversager. Um Abstand zu gewinnen, ging ich Ursula, die ich seit unserer Scheidung zartbitter die »Echse« nenne, zunächst einmal aus dem Weg. Dagegen verbrachte ich jede freie Minute mit den Kindern, die zum Glück zu mir standen.

Für eine Kirchengemeinde mit Gemeindegliedern wie dem alten von Prittwitz dagegen ist es natürlich ein gefundenes Fressen, wenn sich der ordinierte Pfarrer scheiden lässt, und von allen Seiten hagelte es Kommentare – meist kritische. Doch noch schwerer als die Scheidung selbst wog in weißen Gemeinden, wie schon von der Synode vermutet, meine Haltung zu den Schwarzen. Auf einmal erinnerte man sich sehr genau an die Episode in der Tsumeb Corporation, an den angeblich von mir initiierten Aufmarsch der schwarzen Großfamilien im Büro des Minenchefs. Schnell wurden Etiketten wie »farbenblinder Negerfreund« verteilt. Ich verstand dies allerdings eher als eine Auszeichnung, und meine mir selbst gestellte Hauptaufgabe lautete: Schwarz und Weiß zueinanderzubringen, Schwarze wie Weiße gleichermaßen zu besuchen und die Möglichkeiten, die die Rassentrennung mir ließ, voll auszureizen. Selbstverständlich predigte ich gegen die Apartheidpolitik, veranstaltete Farmgottesdienste für alle: egal, welche Hautfarbe. Die Politik war auf einem entgegengesetzten Kurs. Und natürlich eckte ich darum mit meiner Haltung immer wieder an.

Ab 1978 als ordinierter Pfarrer der weißen Gemeinde in Lüderitzbucht ging dann der Ärger aufgrund meiner selbst auferlegten Farbenblindheit erst richtig los. »Geh nich zu nah ran!«, hatte meine Tante gesagt. Ich aber ging fast täglich viel zu nah ran. Ich wagte es, die Lehren des Neuen Testaments auch auf meinen Alltag zu übertragen. Und dabei fiel mir eine enorme Schieflage auf, die ich auch öffentlich äußerte: Südwestafrika hatte nicht eine, sondern vier lutherische Kirchen. Warum? Nun, Ovambo, Herero, Nama und Weiße gingen hübsch getrennt zum Beten, in drei verschiedenen lutherischen Landeskirchen. Das war »Trennung« in Reinform, nichts anderes heißt ja »Apartheid« auf Afrikaans, und die wurde Ende der 1940er-Jahre in Südafrika genauso eingeführt wie in Südwestafrika, das nichts weiter war als ein Satellit, eine fünfte Kolonie Südafrikas. Und die deutschen Siedler spielten bei der Apartheid genauso mit wie anfangs die Kirche, da alle Weißen davon profitierten. Und da kam ich daher, legte meinen Finger in die Wunde und prangerte diesen Misstand öffentlich in meinen Predigten an.

Und so kam es, dass mir alle möglichen »Farben« verpasst wurden: Mal galt ich als Linker, dann gar als Kommunist. Dabei möchte ich betonen, dass ich mich nie der

SWAPO angeschlossen hatte, der schwarzen Widerstandsorganisation *South-West Africa People's Organisation*, eine Bewegung der Ovambos, die ähnlich wie der ANC, der *African National Congress* in Südafrika, für die Rechte der afrikanischen Bevölkerung und die Unabhängigkeit von Namibia kämpfte.

Ich litt darunter, dass es immer weniger Kirchenleute gab, die diese für mich problematische Trennung nach Rassen zu stören schien. Zur Ordination schwarzer Pfarrer für die afrikanischen Gemeinden hatte man sich ja noch durchgerungen, aber das hieß noch lange nicht, dass »Dunkelgrüne« nun auch in der schönen Windhoeker Christuskirche zusammen mit Weißen beten durften! Nein, da war doch nichts dabei, wenn die Weißen hübsch unter sich blieben. Das wäre doch auch für die Neger schöner, unter sich zu sein! So oder ähnlich dachten die meisten Südwester noch Ende der 1970er- und Anfang der 1980er-Jahre. Aber dieser seltsame Peter Pauly aus Otavi wollte das einfach nicht einsehen. Aber es kam noch besser: Dieser farbenblinde Pfarrer kritisierte seine weißen Mitchristen ganz ungeschminkt!

Sie dagegen hielten mich für einen Spinner und Weltverbesserer. Ich kannte natürlich die Ängste der weißen Farmer vor einem möglichen Ende der Apartheid. Sie fürchteten Chaos und Enteignung, wenn nicht Mord und Totschlag als Rache der Schwarzen für jahrzehntelange Unterdrückung. Und doch war ich davon überzeugt, dass sich die Verhältnisse nicht mehr allzu lange halten ließen. Ja, ich bemühte mich mitzuhelfen, eine friedliche Lösung in diesem aufgeheizten Klima zu finden.

So wurde die Geschichte eines weißen Farmers weitererzählt, der von seinen eigenen Arbeitern bedroht worden war. Was nützte ihm sein schönes Geld, wenn er nun auf seiner Farm festsaß und nicht weg konnte? Farmer sind ziemlich immobil. Als die Vereinigten Nationen das »Mandat« – ich nannte es immer Annexion – Südwestafrikas für Südafrika nicht mehr verlängerten, kam zu der allgemein grassierenden Angst etwas hinzu, das mir noch aus Nazideutschland nur allzu bekannt war: das systematische Verbreiten von Unsicherheit. Angst hat den besten Nährboden in einem Klima der Unsicherheit. Als die ersten SWAPO-Kommandos weiße Farmen überfielen und deren weiße Besitzer töteten, fand die Angst vor »schwarzen Terroristen« neue Nahrung. Die südafrikanische Armee nahm besonders im Norden schreckliche Rache, tötete auch Frauen und Kinder, und die Situation verschärfte sich immer mehr. Auch die Sorge, dass sich die Ereignisse der Dekolonisation der späten 1950er-Jahre im südlichen Afrika wiederholen würden, dass Rhodesien, Südafrika, Angola oder Mosambik auch an kommunistische Rebellen und schwarze Potentaten fallen könnte, sorgte für tiefe Verunsicherung bei vielen Weißen. So wuchs dort die Angst, dass eines Nachts die schwarzen Arbeiter mit blitzender Machete zwischen den Zähnen am Bett der weißen Farmersfrau stehen würden – so wie in jener Nacht von 1904, bei der 123 deutsche Farmer auf Befehl des Hererohäuptlings Samuel Maharero ermordet worden waren.

Das rechtfertigte natürlich nicht das danach folgende Massaker der Deutschen an den Herero, aber es erklärt bestehende Ängste. Und unbestreitbar war auch, dass seit den 1960er-Jahren nicht nur die Zahl der toten schwarzen Kämpfer gestiegen war, sondern auch die Zahl der getöteten Farmer. In all dem war ich mit den meisten Südwestern einig. Nur dass ich fand, dass meine besorgten Landsleute Ursache und Wirkung verwechselten: Rassentrennung und Erniedrigung der Afrikaner war keine Folge der Gewalt, sondern deren Ursache.

Die linke Wange hinhalten, auch wenn die rechte schon getroffen wurde – das machte uns Jesus Christus vor. Und wenn in der Windhoeker Bar »Zum Wirt« die weißen Farmer mal wieder von den »Dunkelgrünen« als wenig charmantem Synonym für »Afrikaner« sprachen, dann fuhr ich ihnen nicht über den Mund, schrie sie nicht an, das sei rassistisch und dumm. Nein, ich sprach mit ihnen genauso, wie ich es im umgekehrten Fall mit Afrikanern im Township oder im Kraal getan hätte. Und so kam es, dass ich bei allen Ressentiments und bei allem Misstrauen doch von den Weißen ebenso geschätzt wurde wie von den Schwarzen. Und das war ein kleines Kunststück in einem Apartheitsstaat, der Südwestafrika damals immer noch war. War die Situation der Schwarzen nach der südafrikanischen Annexion des Landes nach 1966 zunehmend ungemütlicher geworden, so drohte Anfang der 1980er-Jahre die Lage, völlig zu eskalieren. Ganze Familien wurden auseinandergerissen, weil die Männer mit der SWAPO nach Angola oder Sambia in den Untergrund gingen, in den Widerstand, um von außen mit gemischtem Erfolg gegen die südafrikanischen Besatzer zu kämpfen. Oftmals blieben deren Frauen und Kinder allein in Windhoeks Township »Katutura« zurück, das von den Südafrikanern Ende der 1950er-Jahre errichtet worden war. Zuvor hatten die schwarzen Einwohner Windhoeks mit den weißen gemeinsam in der Stadt gelebt. Doch die Stadtverwaltung kam auf die Idee, nach südafrikanischem Vorbild aus Windhoek eine »weiße Stadt« zu machen, und verbannte die schwarzen Familien aus der Stadt ins damals zehn Kilometer entfernte Ödland, in dem in aller Eile ein Township errichtet worden war. Dorthin wurden die Afrikaner zwangsumgesiedelt, trotz heftiger Gegenwehr. Es kam zu einem Aufstand, bei dessen Niederschlagung elf Menschen getötet und 44 verletzt wurden. Dieser Tag, der 10. Dezember 1959, gilt für viele als der Gründungstag der SWAPO. Auch Samuel Nujoma, der spätere Chef der SWAPO und noch später der erste Präsident der Republik Namibia, wurde an jenem Tag verhaftet.

Katutura heißt übersetzt »der Ort, wo wir nicht sein wollen«, und genau so sah dieser Slum auch aus. Mehr als 100 000 Schwarze, Ovambos, Hereros und Damaras, lebten hier auf engstem Raum, an einem Platz, an dem sie eigentlich nicht sein wollten. Einmal wurde ich dort ins notdürftig errichtete Katutura-Hospital gerufen, wo sonst kein Weißer hinging. Ich muss sagen, im Vergleich zu diesem Township-Hospital ist jedes Notlazarett eine Edelunterkunft. Zwanzig Kranke lagen in einem Raum, die Patienten mussten ihr eigenes Bettzeug mitbringen, und wenn ihnen ihre Angehörigen nicht das Essen brachten, gab es zuweilen nichts zu beißen. Auf den Fluren roch es nach einer süßlichen Mischung aus Eiter und Tod. Ein Chefarzt kam aus der DDR, der nächste aus Afrika, viele der Ärzte aus Kuba, aber all das änderte nichts an dem Eindruck des unbefangenen Besuchers, hier ein Sterbehaus zu betreten.

Für die Farbigen, die sogenannten *Coloureds*, gab es ein eigenes Township, das den idyllischen Namen »Khomasdal« – das Tal im Khomashochland – trug, das aber weit weniger idyllisch war, als sein klangvoller Name vermuten ließ. Auf diese Weise konnten die Weißen edel und ungestört im »sauberen« Windhoek wohnen, manche davon in Villen im schicken Vorort Ludwigsdorf mit Privatkliniken, wie man sie selbst in Deutschland vergeblich suchte. Südwestafrika war ein streng nach Rassen getrenntes Land, dessen schwarze politische Elite ins Ausland fliehen musste und deren Söhne und Töchter in der Sowjetunion, im Jemen, in Libyen, Ost-Berlin oder Leipzig Medizin oder Ingenieurwesen studierten – in West-Berlin aber nicht erwünscht waren. Es herrschte der Kalte Krieg, auch im nicht ganz so kalten Afrika. Für mich war es wichtig, in diesem Krieg nicht der Gefahr zu erliegen, einseitig zu werden, und darum war ich bei aller Sympathie auch kein SWAPO-Freund, weil auch die SWAPO die Ovambos oft genug für ihre eigenen ideologischen Zwecke instrumentalisierte in einem durch und durch verwerflichen Stellvertreterkrieg zwischen den USA und der Sowjetunion, mit Südafrika als übelstem Handlanger. Dass ich, ein inzwischen über sechzigjähriger weißer Pfarrer, der sich für Schwarze ebenso wie für Weiße einsetzte, ohne für die SWAPO Partei zu nehmen, einfach nicht ins Bild passte, war mir bewusst. Ich störte, war unbequem. Und genau das wollte ich auch.

Meine erste Pfarrstelle führte mich in vorwiegend deutsche Gemeinden in Marienthal und Lüderitzbucht. Lüderitzbucht war ähnlich wie Swakopmund sehr deutsch: So gab es dort die erste und wahrscheinlich einzige Freiwillige Feuerwehr Afrikas, geleitet von Herrn Kratz, genannt »Lumpi«. Auch wenn man sich beim Übungslöschen selbst angesteckter Autoreifen etwas schwertat, da der Wasserdruck gegen null ging, war man doch bei anderen Vereinszielen erfolgreicher: Höhepunkt war samstags das Bockwurstessen mit Düsseldorfer Senf und frischen, natürlich deutschen Brötchen, dazu Swakopmunder Hansa Bier vom Fass. Mitten in der Wüste stimmte man dann »Ein Prosit der Gemütlichkeit« oder »Die Wacht am Rhein« an. Auch dort fügte ich mich erstaunlich gut ein, doch heimischer fühlte ich mich immer mehr jenseits der Etosha-Pfanne. Schon bald reiste ich immer öfter als landwirtschaftlicher Berater der lutherischen Kirchen ins Ovamboland, in den heiß umkämpften Norden, wo aus Sicht der weißen Farmer die »schwarzen Terroristen« der SWAPO nur darauf warteten, sich das ganze Land zu holen. Mich aber faszinierten neben der Arbeit auch die Menschen, die dort lebten, ihre Sitten und Gebräuche, und bald fühlte ich mich dort sogar heimisch.

Dennoch hing ich nach wie vor an meiner weißen Familie, an meinen Kindern. Und so nutzte ich jede Möglichkeit, sie zu treffen. Während meines Urlaubs half ich meinem Sohn Joachim, der inzwischen die Pleitz-Farm erfolgreich bewirtschaftete. Eine meiner Töchter lebt mit ihrem Mann auf einer Jagdfarm, und hier verbringe ich meist das Weihnachtsfest am Pool, beobachte Giraffen und fühle mich rundum wohl. Meine ersten Enkel wurden geboren, und die nannten mich irgendwann nur noch den »Wamboopa«. Leider sah ich alle immer viel zu selten. Der Abschied fiel jedes Mal schwerer, aber meine Aufgabe lag nun mal anderswo, und meine Kinder akzeptierten das, auch wenn sie wahrscheinlich bis heute nicht wirklich verstehen, was mich antreibt. Wer lebt schon freiwillig in einem Kriegsgebiet ohne Strom und fließend Wasser? Aber so war es einfach: Dort gehörte ich fortan hin, für nicht weniger als die nächsten zwanzig Jahre. Wie es dazu kam? Du wirst es schon erraten haben. Das Motto meiner Tante »Geh nich zu nah ran!« schlug ich ein weiteres Mal in den Wind.

Aus unserer ersten Unterhaltung bei »Woermann & Brock« waren ungezählte Nachmittage und Abende und Nächte geworden. Peter, der farbenblinde Pastor, und ich hatten die Vergangenheit wieder aufleben lassen. Nun waren wir fast in der Gegenwart angelangt. Aber nur fast.

So lebhaft und bildreich hatte Peter von den Stationen seines Lebenswegs berichtet, dass ich alles direkt vor mir sehen konnte. Doch je öfter er mit leuchtenden Augen von »seinem Ovamboland« sprach, desto mehr erwachte in mir der Wunsch, es selbst kennenzulernen.

»Was meinst du«, fragte ich ihn darum eines Tages, »hättest du Lust, mich dorthin auf eine längere Tour in deinen Kraal mitzunehmen?«

Ein Lächeln flackerte über sein Gesicht. Einen Augenblick lang musterte er mich, als sähe er mich heute zum ersten Mal.

»Du meinst in mein Dorf Elim?«, fragte er, und seine Augen strahlten. »Hältst du das denn aus?«

»Warum sollte ich das nicht aushalten?«, fragte ich entrüstet.

»Na ja«, meinte er, »es gibt dort keinen Strom für dein Notebook. Auch kein fließend Wasser, weder warm noch kalt. Und es ist Malariagebiet …«

»Ich würde es gerne sehen«, unterbrach ich ihn, bevor er mir meinen ganzen Schneid abkaufen konnte und ich meine Bitte bereuen würde, »du fährst ja schließlich auch dauernd hin.«

»Na gut«, sagte er und strahlte über sein ganzes Gesicht, »von Herzen gern.«

Und so kam es, dass ich einen Wagen samt Fahrer mietete und wir uns aufmachten in den hohen Norden.

Ja, ich gebe zu, ich machte mir schon so meine Gedanken. Ich hatte schließlich keine Lust, mir die Malaria zu holen, und für eine teure Prophylaxe war es jetzt zu spät. »Tragen Sie stets lange Hosen und langärmlige Hemden«, empfahl mir ein Bekannter, der schon eine Weile im Land lebte. »Und nehmen Sie ein paar Flaschen Insektenspray mit. Wenn Sie nicht gestochen werden, kriegen Sie auch keine Malaria.« Der hatte gut reden. Leider lieben mich diese kleinen Biester, die Moskitos, ausgesprochen. Doch meine Neugier war stärker als meine Furcht. Und kaum waren wir unterwegs, erlag ich einmal mehr dem Zauber des Unterwegsseins – ein unvergleichliches Gefühl.

Die Eindrücke auf unserer Reise konnten unterschiedlicher nicht sein. Swakopmund erinnerte mich mit seiner hauptsächlich weißen Bevölkerung und vergleichbarem Klima an ein deutsches Ostseebad. Als wir aber Richtung Norden auf dem Weg zur Etosha-Pfanne Nama- und Hereroland durchquerten, fiel mir auf, wie dünn besiedelt es war – noch heute eine Folge der gnadenlosen Dezimierung dieser Völker zu Beginn des 20. Jahrhunderts.

Doch kaum passierten wir die »Grenze« zum Ovamboland, änderte sich das Bild. Tatsächlich gibt es diese seltsame innernamibische Grenzlinie, Veterinärzaun genannt. Schon 1897, als eine Rinderpest ausbrach, überlegte man, ob es nicht sinnvoll wäre, das südliche Südwestafrika, in dem die Weißen hauptsächlich siedelten, vom wenig kontrollierbaren Norden vor Infektionen zu schützen. Als im Ovamboland Mitte der 1960er-Jahre die Maul- und Klauenseuche ausbrach, wurde der Grenzzaun erbaut, und tatsächlich besteht er mit Kontrollposten bis heute, noch immer wird der Transport von Vieh und tierischen Produkten streng kontrolliert. Natürlich hatte dieser Zaun bis zum Ende der Apartheid und der Unabhängigkeit Namibias im Jahr 1990 einen zusätzlichen »Nutzen« für die weiße Bevölkerung, konnten doch auch die im Norden lebenden Ovambovölker ganz nebenbei kontrolliert ferngehalten werden. Bis ins Jahr 1977 durfte ein Ovambo diese Grenze nur passieren, wenn er eine Genehmigung beispielsweise in Form eines Arbeitsvertrags vorweisen konnte.

Als wir diese Grenze bei Oshivelo passierten, änderte sich das Bild schlagartig: Hier pulsierte das Leben.

»Das ist es, was mir hier so gut gefällt«, sagte Peter. Ich betrachtete ihn von der Seite: So sieht einer aus, dachte ich, der nach Hause kommt.

Tatsächlich war das Ovamboland während der deutschen Besatzung mehr oder weniger sich selbst überlassen worden. Das änderte sich auch nicht, als die Südafrikaner kamen. Erst als der Kwanyama-König Mandume Ndemufayo den Portugiesen im benachbarten Angola den Krieg erklärte und sie sogar besiegte, dabei zahlreiche Waffen erbeutete und sich anschließend wieder ins Ovamboland zurückzog, wurde es den Südafrikanern mulmig. Einen siegreichen, modern bewaffneten Ovambo-Führer auf »ihrem« Gebiet zu dulden schien ihnen allzu gefährlich. Die Südafrikaner forderten den Ovambo-König auf, sich der Besatzungsmacht freiwillig zu beugen, was dieser ablehnte. Schließlich schickte Südafrika im Februar 1917 mehr als 800 Soldaten ins Ovamboland. Sie unterwarfen die Kwanyama, ihr König Ndemufayo fand dabei den Tod.

»Der damalige Kommandeur der britisch-südafrikanischen Verwaltung«, erzählte Peter, »sein Name war Colonel de Jager, ernannte sich nach dem Feldzug selbst zum König der Ovambo. Kannst du dir das vorstellen? Viele Männer wurden damals als ›Kontraktarbeiter‹ in den Süden geschickt. Ich hab dir ja schon von den ›Kontraktovambos‹ erzählt.«

Er schwieg eine Weile bedrückt. Ich betrachtete die Landschaft: grün, so weit das Auge reichte, Felderwirtschaft, jedoch fehlte irgendetwas in diesem Landschaftsbild, und auf einmal fiel es mir ein: »Hier gibt es ja gar keine Zäune«, sagte ich.

»Stimmt«, sagte Peter, und seine Miene hellte sich auf. »Hier gibt es keine Privatfarmen so wie im restlichen Namibia.«

Ich dachte daran, wie ich vor einigen Wochen vorgeschlagen hatte, raus aufs Land zu fahren und ein Picknick mitzunehmen.

»Wo willst du denn das machen, das Picknick?«, hatte mich Peter ironisch gefragt, und tatsächlich war es nicht möglich, irgendwo einen grünen oder auch braunen oder gelblichen Flecken Erde zu finden, der nicht eingezäunt und einer der vielen, riesigen Farmen einverleibt war. Hier jedoch war es ganz anders.

»Hier werden die Flächen hauptsächlich noch im kommunalen Verbund bewirtschaftet«, sagte Peter. »Siehst du diese Bäume dort drüben? Das sind Makalani-Palmen, eine ungeheuer nützliche Pflanze: Menschen und Tiere profitieren von ihr. Aus ihren Trieben kann man Palmwein herstellen. Man kann sogar den Stamm essen. Erntet man die Früchte jung, enthalten sie einen Saft, der dem der Kokosnuss recht ähnlich schmeckt. Die Ovambos nennen die Frucht *eendunga* und brennen daraus den *Ombike*, einen sehr guten Schnaps.«

Mit solchen Erzählungen verging die Reise wie im Flug. Und spätestens als wir die gut ausgebaute und geteerte Nord-Süd-Straße verließen und auf eine Sandpiste einbogen, hatte ich das Gefühl, im wahren Afrika angekommen zu sein. Denn auf einmal, so stellte ich mit Erstaunen fest, war ich der einzige Weiße weit und breit. Peter, der farbenblinde Pastor, schien irgendwie nicht zu zählen. ›So müssen sich die Schwarzen im restlichen Namibia fühlen‹, schoss es mir durch den Kopf, als wir eine Tankstelle anfuhren. Der Tankwart starrte mich an, und ich war mir nicht sicher, ob es ein freundlicher Blick war. Doch schon war Peter ausgestiegen, auf den Mann zugegangen und richtete ein paar Sätze in Oshivambo an ihn. Da verzog sich sein Gesicht zu einem breiten Grinsen. »Sprich nur ein Wort«, schoss es mir aus der alten katholischen Liturgie durch den Kopf, »so wird meine Seele gesund.«

Es war schon beinahe Abend, als wir in Peters Dorf ankamen. Ich war müde und staubig und wünschte mir nichts sehnlicher als eine schöne Dusche. ›K. v. – Kannste vergessen!‹, dachte ich, als wir uns dem Kraal näherten. Der Kraal bestand aus einer Ansammlung von runden Lehmhütten mit einem nach oben spitz zulaufenden Grasdach – genau so, wie sich ein Kind in Deutschland die Hütte eines Afrikaners vorstellt. Umfriedet war der Kraal mit einem dichten Zaun aus Stöcken und Pfählen, die mit Seilen aus Gras miteinander verbunden waren. Der Stolz eines jeden Ovambo ist seine Ziegenherde, und Ziegen sah ich auch eine ganze Menge, und dann kam mit einem Mal und mit großem Freudengeschrei eine ganze Horde Kinder auf uns zugelaufen. Den Kindern folgten Erwachsene, alle umkreisten uns begeistert, und aus den Kehlen der Frauen stieg ein alles durchdringendes Freudengetrillere auf. Jeder Gedanke an eine Dusche oder sonst eine Annehmlichkeit war aus meinem Gehirn gewischt. Kinder hüpften voller Freude Peter in die Arme, klammerten sich an seine Beine, sprangen ihm wie kleine

Äffchen auf den Rücken, und auch an mir zupften kleine, staubige, dunkle Hände neugierig herum. Riesige schwarze Augen sahen mich an, als käme ich direkt vom Mond.

Peter stellte mir »seine« Familie vor: seine Schwägerin und viele andere Verwandte, und nach kurzer Zeit schwirrte mir der Kopf. Schließlich führte er mich in seinen Kraal mit dem schönen biblischen Namen »Elim«, in dessen Mitte ein mächtiger Kameldornbaum Schatten spendete, und hier saß ein hutzeliges, altes Männlein mit einer seltsamen Brille im Gesicht, wie sie die Arbeiter auf einer Baustelle tragen.

»Darf ich dir meinen Schwiegervater vorstellen«, sagte Peter. »Er ist der älteste Namibier mit seinen 103 Jahren. Er sagt, er heißt dich herzlich willkommen.«

Ich begrüßte den alten Mann voller Ehrfurcht. Und da erkannte ich auch, was das für ein Ding war, das er da auf der Nase hatte: Es war eine Schweißerbrille, die seine schwachen Augen offenbar ausgezeichnet vor dem allgegenwärtigen Staub schützt.

Da sitzen wir also, und ich komme aus dem Staunen nicht heraus. So also lebt Peter Pauly, wenn er im Ovamboland unterwegs ist? »Hier bin ich zu Hause und benehme mich auch so!«, lacht er. Und während ich ihn beobachte, wie er ganz selbstverständlich neben seinem Schwiegervater auf der Erde sitzt, sich mit seiner Schwägerin über den Zustand seiner Ziegenherde unterhält und über den Fortschritt eines Anbaus für den Stall, dann wird mir klar: Peter ist immer derselbe, ob er nun im Kirchenarchiv in Windhoek sitzt, in einem teuren Hotel auf meine Rechnung mehrere Essen vertilgt oder hier auf dem Boden hockt. Es ist, als sei dieser Mensch völlig unabhängig von den Umständen, die ihn umgeben. Er bewegt sich hier im Ovambokraal so, als sei er hier geboren. Er spricht mit diesen Menschen, die nie

Peter Pauly mit seiner Schwägerin im Kraal Elim

den Grenzposten am Veterinärzaun passiert und noch nie eine richtige Stadt besucht haben, ebenso wie mit dem deutschen Botschafter – auf Augenhöhe. Für Peter sind alle Menschen gleich wichtig, sei es nun seine rotznäsige Großnichte, die ihm gerade auf den Schoß klettert, oder sonst jemand. Und diese Erkenntnis ist ziemlich überwältigend.

»Heute Nacht«, sagt Peter später, »kannst du in meiner Hütte schlafen.«

Ich sehe in die Richtung, die er mir weist: Es ist eine Rundhütte wie jede andere auch, ihr Boden besteht aus gestampftem Lehm, das Spitzdach hat schon bessere Tage gesehen. Direkt daneben entdecke ich ein Wasserloch – garantiert mit Mücken verseucht.

»Wie wäre es«, schlage ich ihm vorsichtig vor, »wenn ich dich ins nächste Hotel einlade?«

Peter lächelt.

»Gerne«, sagt er erstaunlich schnell und gar nicht verstimmt, so als hätte er meinen Vorschlag erwartet. »Dann fahren wir mal nach Oshakati.« Und mir dämmert, dass er es genau so vorausgesehen hatte.

An diesem Abend sitzen wir noch lange auf der Terrasse des einfachen Hotels.

»Du hast mir nie erzählt«, beginne ich vorsichtig, nachdem wir ein einfaches, aber reichhaltiges Essen verschlungen haben, und ich ahne, dass wir nun einen sehr persönlichen Teil von Peters Lebensgeschichte berühren, »wie es eigentlich dazu kam, dass du hier eine richtige Ovambofamilie hast und ein weißer Ovambo geworden bist.«

Zuerst kommt es mir so vor, als habe er meine Frage gar nicht gehört. Peter schaut in den nächtlichen Himmel, so als hätte er die Sterne dort oben noch nie zuvor gesehen.

»Das willst du also auch noch wissen?«, fragt er schließlich, und seine Stimme klingt belegt.

»Wenn du es mir erzählen möchtest«, gebe ich zur Antwort und warte geduldig ab.

»Na, dann mach dich mal auf eine lange Nacht gefasst«, fährt er nach einer Weile fort. »Besser, du bestellst noch eine Runde Bier. Mit trockenem Gaumen erzählt es sich schlecht, besonders in diesen Gefilden am Wendekreis des Steinbocks am 23. Breitengrad.«

Das lasse ich mir nicht zweimal sagen. Kurz darauf stehen zwei Flaschen »Tafel Lager« vor uns. Ich mache es mir bequem auf meinem Korbstuhl und lausche dieser Stimme, die mir inzwischen so vertraut ist wie meine eigene.

9. Kapitel

Der weiße Ovambo

Wichtig ist nicht, wo du bist, sondern, was du tust, wo du bist.

Aus dem Kisuaheli

Meine Geschichte im Ovamboland begann, als ich hier im Auftrag meiner Kirche landwirtschaftlicher Berater war und als solcher viele Jahre lang bei den Ovambos ein- und ausging. Dabei lernte ich, dass es keine andere Region in Namibia gibt, die so mit der Geschichte des Kampfes um Unabhängigkeit verbunden ist, wie diese. Die SWAPO war, wie du weißt, bei diesem Freiheitskampf die treibende Kraft. Diese Bewegung entstand aus einer reinen Ovambo-Partei, der OPO. Und hier, jenseits des Veterinärzauns, hatten die Befreiungskämpfer stets einen guten Rückzugsort, und wenn es brenzlig wurde, flohen sie weiter nach Norden zu ihren Ovamboverwandten über die Grenze nach Angola.

Die ersten massiven Schwierigkeiten mit militärischen Aktionen begannen bereits 1966 in Ongulmbashe, als acht Kampfhubschrauber der Südafrikaner Basen der PLAN, der *People's Liberation Army of Namibia*, der Miliz der SWAPO, angriffen. Von da an sollte das Gebiet nicht zur Ruhe kommen.

Je länger und je öfter ich mich hier oben aufhielt, desto klarer wurde mir, dass Schwarze wie Weiße hier im Land für die Südafrikaner bloß Nummern waren, dumme Bauern auf dem Schachbrett ihres Krieges gegen das unabhängig gewordene, kubanisch unterstützte Angola. Nicht mehr als Figuren, die irgendwelche Generäle und Politiker auf Schlachtfeldern hin und her schoben. Auf den von ihnen gebauten dicken, neuen Teerstraßen transportierten die Südafrikaner schweres Kriegsgerät und Munition hoch in den Norden, und wenn sie zurück nach Südafrika fuhren, nahmen sie das wertvolle Holz aus dem Ovamboland mit. Was in Europa eine Lappalie sein mag, ist hier in einer Trockenregion wie Südwestafrika ein echtes Verbrechen. Denn Holz wurde gebraucht und war ungeheuer knapp.

Einmal predigte ich in Otjiwarango vor einer weißen Gemeinde und sagte frei heraus, dass sich die Ovambos hier oben an der Grenze zu Angola als Manövriermasse fühlen und dass ihnen die Südafrikaner außerdem noch den letzten Rest nehmen, den sie haben. Polternd standen zwei weiße Farmer auf und verließen den Gottesdienst. »Wer rausrennt, muss auch irgendwann wieder reinkommen«, rief ich ihnen hinterher, aber das verstanden die damals noch nicht. Als Konsequenz verlor ich meine südafrikanische *residence permit* für das Ovamboland für einen Monat. Meine Gottesdienste waren für Spitzel und V-Leute immer erste Adresse! Man kannte sich, und ich grüßte sie freundlich im Talar und mit der geballten Faust über dem Kopf, dem Kommunistengruß, wenn ich die Herren mit der Sonnenbrille in den hinteren Reihen entdeckte. Ja, die trugen wirklich Sonnenbrillen und Schlapphüte, wie in einem schlechten Film!

Ich hatte mir angewöhnt, nach jedem Gottesdienst zu einem »Teekreis zu Fragen der Zeit« einzuladen, eine Art politischer Frühschoppen, bei dem schon allein wegen der

Themen fast immer mehr V-Leute anwesend waren als einheimische Gemeindemitglieder. Eines Tages stellte ein deutscher Urlauber, Typ spätberufener Soziologe, eine Frage, die bemerkenswert wenig Menschenkenntnis erkennen ließ: »Wie kommt es eigentlich, dass sich die Südafrikaner bei all dem SWAPO-Widerstand militärisch dauerhaft im Ovamboland halten können?«

Ich glaubte meinen Ohren nicht zu trauen bei so viel Naivität.

»Ganz einfach: Weil sie Ovambos nicht nur mit Drohgebärden, sondern mit Taten, mit Kugeln und Schlägen in permanente Angst versetzen. Ist bei euch in Deutschland nicht angekommen, dass man hier Zwölfjährige als vermeintliche Informanten foltert?«

Die anwesenden V-Leute verzogen säuerlich ihre Gesichter. Aber ich hielt mit meinem Wissen nicht hinterm Berg:

»Die Amerikaner dulden die südafrikanischen Truppen hier«, fuhr ich ungerührt fort, »aus Angst vor den Kommunisten aus Angola. Und die deutschen Südwester arrangieren sich damit nur zu gern, da sie sich unter den Südafrikanern vor ›schwarzen Terroristen‹ sicher glauben. Die Schwarzen ihrerseits werden mit unangekündigten Razzien und unberechenbarer Gewalt drangsaliert. Darum und nur darum sind die Südafrikaner immer noch da – *shock and awe*! Das ist die Strategie.«

»Aber das ist den Schwarzen gegenüber doch höchst unmoralisch, ja ungerecht!«, warf der Soziologe ein.

Die anderen Gäste grinsten gequält.

»Genau!«, antwortete ich. »Willkommen in Afrika!«

Es fällt mir heute nicht leicht, von dieser Zeit zu erzählen, zu viele schreckliche Dinge sind damals passiert. Die

Brutalität der Südafrikaner gegenüber den Ovambos kannte keine Grenzen. Da wurden Kinder auf den Auspuff laufender Militärfahrzeuge gesetzt, bis sie lebensbedrohliche Verbrennungen erlitten, und das nur, weil die Auftraggeber der Folterknechte hofften, irgendwelche Informationen aus den Kleinen herauszupressen. So etwas vergisst du dein Lebtag nicht mehr. Damals wurde ich nicht müde, darüber zu reden, auch einem Amerikaner erzählte ich das alles. Ich wusste, warum im Land der Ovambos so viele Grausamkeiten begangen wurden, denn vielfach waren es strafversetzte Einheiten, die dort im Grenzdienst im Einsatz waren, und die galten als besonders brutal. Die ersten dieser Ausschreitungen erlebte ich schon Ende der 1970er-Jahre mit, als ich als Pfarrer zwar offiziell für die Deutschsprachigen in Otavi und Tsumeb zuständig war, aber nicht im Traum daran dachte, die schwarzen Gemeinden sich selbst zu überlassen.

So kam es, dass ich oft unvermittelt wieder zu nah war im Geschehen, sozusagen mitten im Pulverdampf der Front, und miterlebte, was mit Zivilisten, Frauen und Kindern geschah. Als ich damals mein Gespräch mit diesem Amerikaner mit dem Satz beendete: »Well, you have to see it this way: One's terrorist is someone else's freedom fighter«, da hätte mir das fast eine Anzeige eingebracht, denn direkt daneben stand ein Burenpolizist, und der hörte ganz genau zu, was ich sagte. Zum Glück war dessen Englisch zu schlecht, um genau zu registrieren, worum es ging. Auch war mein Hemd mit der klerikalen Kalkleiste am Kragen und dem Kreuz am Revers bei den oft recht frommen Burenpolizisten eine ganz gute Lebensversicherung.

Nach 1978 wurde die Unterdrückung im Ovamboland systematisch, denn nun wurde dort eine *Special Task Force* der südwestafrikanischen Besatzungstruppen eingesetzt. Außerhalb des Ovambolandes galt auch für die Schwarzen die Wehrpflicht. Dieser Schritt, die einheimische Bevölkerung gegen die eigenen Leute einzusetzen, war perfide und gleichzeitig über Jahrhunderte der Militärgeschichte erprobt. Nach einem militärischen Schnellkurs kamen also Nama, Herero und Damara im Dienst Südafrikas direkt ins Kriegsgebiet an die Grenze zu Angola. Dort waren zudem einige besonders ortskundige Ovambos von den Südafrikanern als Kollaborateure angestellt. Die Südafrikaner machten sich zunutze, dass im Norden des Ovambolandes dieselbe Sprache gesprochen wurde wie im Süden Angolas – wie praktisch! Wie sich Kriege doch gleichen! In dieser Zeit kam jene berühmt-berüchtigte Sondereinheit »Koevoet«, zu Deutsch »Kuhfüße« oder »Brechstange«, unter General Hans Dreyer verstärkt zum Einsatz. Deren Aufgabe war vor allem die »Einschüchterung renitenter Bevölkerungsteile« und die Niederschlagung von Aufständischen. Dazu hatten sie eine Spezialausbildung durchlaufen, die aus ihnen so versierte wie skrupellose Einzelkämpfer machte. Mithilfe von einheimischen Fährtenlesern der Sanbuschleute und schwarzen Hilfskräften verfolgten sie SWAPO-Rebellen bis in ihre geheimsten Unterschlüpfe, und diese Typen schreckten auch vor Folterungen und Vergewaltigungen nicht zurück. Einmal musste ich miterleben, wie die Koevoet-Kämpfer im Kreiskrankenhaus Otavi einen Frischoperierten vom Tisch zogen und dem protestierenden Arzt androhten, ihn gleich auch noch mitzunehmen, sollte er nicht sofort Ruhe gebe. Als ich einen solchen Koevoet-Soldaten, einen auffällig klein gewachsenen Kerl, einmal auf Heimaturlaub in einer Kneipe in Otavi traf und dieser mir seinen Auftrag beschrieb, meinte ich nur: »Na, renitent bin ich ja auch. Warum nehmt ihr denn nicht mich mit?«

»Du hast halt Glück, du bist weiß und außerdem ein *Domini*, ein Pastor. Aber treib's nicht auf die Spitze«, warnte mich der Koevoet unmissverständlich und reckte sich zur vollen Höhe auf, »am Ende bist du doch der Kürzere, und die wissen da oben genau, wer du bist.«

Die Koevoets waren erfolgreicher, als jede andere Strafkompanie es je hätte sein können, denn sie waren nicht nur psychologisch exzellent geschult, sondern ihre Kommandeure lernten mit der Zeit auch immer besser, afrikanisch zu denken und entsprechend zu agieren. Sie lernten die Gebräuche, Wertvorstellungen und Schwächen der Afrikaner treffend zu identifizieren, um sie für sich ausnutzen zu können. Irgendwann, es muss Anfang der 1980er-Jahre gewesen sein, fiel mir auf, dass bei der wachsenden Zahl von Unruhen und Anschlägen im Ovamboland die Koevoet-Soldaten immer nach einem bestimmten und gut durchdachten Muster vorgingen. Während ein x-beliebiger deutscher General wie damals Victor Franke als deutscher Schutztruppenkommandeur gezielte Strafexpeditionen gegen die mutmaßlichen Täter durchgeführt hätte, hielten sich General Dreyer und seine Offiziere zunächst an die Sippe und nicht an den einzelnen Minenleger. Sie machten sich gar nicht erst die Mühe, den einzelnen Täter zu fassen, sondern fanden es viel wirkungsvoller, allen Familien in der Umgebung so viel Vieh abzunehmen und eine so große Zahl von Hütten in Brand zu stecken, dass viele Ovambos immer vorsichtiger wurden, wenn SWAPO-Leute in ihren Dörfern Unterschlupf suchten. Das Clanoberhaupt, dem einmal von den berüchtigten »Casspir«, jenen wie Mondfahrzeuge aussehenden Vehikeln auf ihren minensicheren, hohen Stelzen, das ganze Dorf niedergewalzt wurde, verspürte natürlich beim nächsten Mal wenig Lust, den Helden zu spielen, um letztlich nur selbst den Kopf hinzuhalten.

Ich als deutschstämmiger Pfarrer fand die Sache mit den »Casspir« doppelt beschämend, als mich einmal ein kleiner Ovambojunge fragte, aus welchem Land diese tollen, grün bemalten und umfänglich gepanzerten Ungetüme eigentlich kämen. Denn die Motoren dieser südafrikanischen Kampffahrzeuge trugen den Stern aus Untertürkheim. Und während zahl- und namenlose Ovambos von Unimogs und Geländewagen fachgerecht *Made in Germany* überrollt wurden, prangte auf deren Differentialgehäuse das Emblem von Mercedes-Benz oder Volkswagen – trotz aller Boykotte, die gegen Südafrika ausgesprochen worden waren.

Auch die Kirchen spielten dabei mitunter eine seltsame Rolle. Es gab zum Beispiel eine Vereinbarung zwischen den Kirchen im Ovamboland und der Besatzungsarmee, die besagte, dass die Militärs sich den Gottesdienstgebäuden und Kirchen nur bis auf fünfhundert Meter nähern durften. Hier mussten sie ihre Fahrzeuge stoppen, um dann mit den Kirchenvertretern zu verhandeln – unbewaffnet versteht sich. Wie oft stand ich dort, fünfhundert Meter von meiner Kirche oder einer Missionsstation entfernt, und sprach mit den Militärs, erreichte auch meistens, dass sie sich wieder zurückzogen. Im Gegenzug wurde von uns verlangt, keine bewaffneten Personen in diesem Areal zu dulden.

Eines Tages kam es in meiner Gemeinde zu einer »Nachsuche« nach SWAPO-Partisanen. Der Ausdruck »Nachsuche« war mir von meinem schlesischen Onkel Friedrich bestens bekannt. Als begeisterter Jäger hatte er mich oft mit auf den Hochsitz genommen. Wenn der Onkel ein Reh angeschossen hatte und dieses verwundet flüchtete, setzte er eine »Nachsuche« an. Das hieß nichts anderes, als dem verletzten Tier einen Jagdhund hinterherzuschicken, der dessen Blutspur, im Jägerjargon: »Schweißspur«, aufnahm. Genau das veranstalteten die Südafrikaner dort oben mit Menschen. Oft reichte es ihnen aus, zu sehen, wie einige Schwarze in eine Hütte der Kirchengemeinde flüchteten. Da wurde nicht groß gefragt, wer denn überhaupt in dieser Hütte war, nein, von allen Seiten wurde ohne Warnung das Feuer eröffnet gemäß der Wildwest-Strategie: *Shoot first, ask questions later.*

An jenem Tag geriet während einer solchen »Nachsuche« in meiner Gemeinde eine schwarze Missionsschwester im guten Glauben an die Kraft der vereinbarten Bannmeile in den Kugelhagel der Südafrikaner und starb. Um einen Volksaufstand zu verhindern, schlug ich dem weißen Kommandeur vor, der Familie der Getöteten im Nachbardorf auf der Stelle einen Besuch abzustatten. Der Kommandeur war clever genug, auf meinen Vorschlag einzugehen. Indem er, der weiße Soldat, mich, den Pfarrer, zur Familie des Opfers begleitete, konnte er verhindern, dass die Situation völlig eskalierte. Bei allem Zorn und aller Trauer konnte dieser Besuch ein komplettes Entgleiten der Lage verhindern. Als ich an diesem Abend im Pfarrhaus saß, fragte ich mich allerdings aufgewühlt: »Was warst du heute, Peter? Kollaborateur? Friedensstifter? Beides?«

Ich wusste keine Antwort. Und das Schlimme war, dass solche Situationen Alltag geworden waren: Heute starb die schwarze Missionsschwester. Morgen würde ein spielendes Kind von einem Panzer überrollt. Übermorgen eine Frau von einem Querschläger getötet. Wie konnte, wie durfte ich da neutral bleiben?

Wenn ich im Fernsehen sah, dass in Deutschland auf dem Evangelischen Kirchentag friedensbewegte Menschen mit lilafarbenen Tüchern gegen die Apartheid demonstrierten, dann fragte ich mich bei allem Respekt, ob diese wohlmeinenden Gutmenschen auch nur im Entferntesten ahnten, was hier tatsächlich los war. Wie sollten sie auch? Wer sich ins Ovamboland begab, dort wohnen oder gar arbeiten wollte, konnte das nur mit einem *special permit,* mit polizeilichem Unbedenklichkeitszeugnis, und das bekamen nur wenige. Auch ich hatte mich an die Ausgangssperre zu halten, die mit Sonnenuntergang begann und mit Sonnenaufgang endete. Keiner in Deutschland ahnte, welche Schwierigkeiten das für die afrikanische Bevölkerung mit sich brachte. Wie oft hörte ich einen Swakopmunder Rentner von »faulen Negern« faseln und erntete nur scheele Blicke, wenn ich erklärte, dass mancher dieser »faulen Neger« sein Tagwerk bereits vollbracht hatte, wenn sich der betreffende Rentner von seinem Nachtlager erhob.

Wegen der großen Hitze wird die Feldarbeit in vielen Ländern Afrikas, so auch in Namibia, bereits in den kühleren Stunden vor Sonnenaufgang erledigt. Die Ausganssperre aber machte dies unmöglich. So kam es, dass man in der Hitze der Sonnenglut aufs Feld gehen musste. Dasselbe Problem stellte sich am Abend: Selten verlässt ein afrikanischer Bauer sein Feld bei Sonnenuntergang, sondern gerade die angenehmeren Stunden danach sind dafür geeignet, die letzten Arbeiten zu vollenden.

Wie oft sprach ich an der Kasse bei »Woermann & Brock« in Windhoek mit deutschen Touristen auf Sommerurlaub, die abstrakt über den bedrückenden Rassismus lamentierten, und wenn ich ihnen von den blutige Details der kriegsähnlichen Zustände im Ovamboland erzählte, liefen sie mir fluchtartig davon – wer will sich schon seinen wohlverdienten Urlaub und sein außenpolitisch naives Gewissen mit solchen Schauergeschichten verderben lassen? Mir wurde immer wieder bewusst, dass man noch so viel über die Situation im Grenzgebiet zu Angola erzählen konnte – dort zu leben war aber etwas ganz anderes. Dort verschwanden täglich Menschen, wurden gefoltert, ermordet. Von den Südafrikanern, aber auch von der SWAPO selbst.

Ja, das Traurige war: Auch in dieser Geschichte wie in jeder anderen gibt es nicht nur die »Bösen« und die »Guten«. Auch jene SWAPO-Kämpfer, die sich in Südangola und im benachbarten Sambia auf den Kampf gegen das südafrikanische Apartheidsregime vorbereiteten, hatten ihre eigenen Gefangenenlager und Folterkeller eingerichtet, wo vermeintliche Spione und Deserteure von ihren schwarzen Brüdern gefoltert und umgebracht wurden. So mancher kluge, kritisch denkende Kopf geriet so zwischen die Fronten und wurde erbarmungslos zerrieben. Ich kannte das, mir war das ja mit Nazideutschland und später im befreiten Deutschland auch passiert. Ich konnte ein Lied davon singen, was es heißt, eine eigene Meinung zu haben. Und so kam es auch im Ovamboland immer wieder vor, dass SWAPO-Kommandos des Nachts einfielen und Männer entführten, die ihre Familien nie wieder sehen sollten. Nach solchen Strafaktionen predigte ich gegen die SWAPO ebenso scharf, wie ich es auch gegen die Ungerechtigkeiten der Südafrikaner tat. Und wenn ich den wohlmeinenden deutschen Touristen davon erzählte, dann waren sie hell entsetzt: »Doch nicht die Schwarzen auch?«, raunten sie dann ganz leise.

Es war Anfang Mai 1978, als die nackte Gewalt in Form eines Angriffs der südafrikanischen Luftwaffe auf das Militär- und Flüchtlingslager der SWAPO im südangolanischen Cassinga neue Dimensionen annahm. An einem einzigen Tag starben dort neben eintausend SWAPO-Kämpfern vermutlich über sechshundert unbewaffnete Zivilisten, Frauen und Kinder. Da vor allem alle sozialistisch und kommunistisch regierten Staaten der SWAPO zumindest in zahllosen Proklamationen nahestanden, ja, sie auch in vieler Hinsicht unterstützten, passierte nach diesem Massaker etwas äußerst Ungewöhnliches:

Mehr als vierhundert südwestafrikanische Kinder aus diversen Flüchtlingslagern, zumeist vom Volk der Ovambo, wurden in die DDR ausgeflogen. In einem alten Schloss in Mecklenburg verlebten sie einerseits eine behütete Jugend in einem Land, das ihnen wie das Paradies erscheinen musste nach der Hölle, aus der sie kamen. Andererseits wurden sie aber mitten in Mecklenburg von Vertretern der SWAPO »zur Elite eines freien Namibia« ausgebildet. Zwölf Jahre später, im Jahr 1990, erlangte Namibia die Unabhängigkeit. Die SWAPO stellte die neue Regierung. Ohne Vorwarnung oder Vorbereitung wurden nun die DDR-Kinder, inzwischen junge Erwachsene kurz vor ihrem Schulabschluss, wieder »nach Hause« geholt.

Für diese Jugendlichen war dies ein gewaltiger Schock. Keiner hatte sie auf die Verhältnisse im jungen Staat vorbereitet. Sie hatten mehr Jahre in Deutschland als in Afrika verbracht und sprachen nicht einmal mehr ihre Muttersprache, das Oshivambo, besonders gut, dafür fließend Deutsch mit Mecklenburger Akzent. So nannte man sie die »DDR-Kids« oder »die Ossis von Windhoek«.

Die meisten, unter ihnen viele Waisenkinder, wurden von ihren entfernten Verwandten direkt vom Flughafen ins Ovamboland gebracht. Doch diese DDR-Kids und ihre Ovamboverwandten mussten feststellen, dass sie nach über einem Jahrzehnt in zwei sehr verschiedenen Welten einander fremd geworden waren. Das ging bei der Sprache los und endete bei der Lebensart. Als zum ersten Abendessen ein Festmahl aus Mahangopapp, einem geschmacksneutralen Maisbrei mit brauner Soße, serviert wurde – noch um einiges schlimmer als jede Schulspeisung –, war vielen der Jugendlichen klar, dass sie in ein Land zurückgekehrt waren, das nicht ihre Heimat war und nur zur Heimat werden konnte, wenn sie in ihrem Inneren zuallererst als neue Namibier zu sich selbst fänden. Andere dieser Kinder wurden nach ihrer Ankunft in Namibia erst gar nicht abgeholt, weil sich niemand für sie interessierte, und sie kamen in deutsche Pflegefamilien. Aber auch dort fühlten sie sich nicht zu Hause. Die meiste Wärme konnten ihnen nur ihre Gefährten bieten, die anderen DDR-Kids, denn nur sie konnten verstehen, wie sie dachten und fühlten.

Einer meiner engsten Freunde war Carl »Carlos« Scholz, ein Pelzhändler und Farmer, der in die Familie des legendären Diamantentycoons August Stauch eingeheiratet hatte. Carlos war Mitglied meines Gemeindekirchenrats und ähnlich farbenblind, aber genauso »gutmenschenkritisch« wie ich. Über ihn lernte ich einige der DDR-Kids kennen. Schnell bekam ich von meiner Kirche die Aufgabe, zahlreichen dieser Kinder im Großraum Windhoek Ausbildungsplätze zu organisieren. Dabei stellten wir bald fest, dass sich die SWAPO, die inzwischen mit Sam Nujoma als Präsident an der Macht war, um diese Jugendlichen überhaupt nicht kümmerte. Umgekehrt wussten diese Kinder nicht, wie sie sich in ihrem neuen Heimatland zurechtfinden sollten. Oft waren die Familien der Kinder zerrissen und durch den langen Befreiungskrieg völlig versprengt. Niemand war da, um diese deutsch-namibische Begegnung nach all den Jahren zu begleiten und den Kindern den Weg in eine aussichtsreiche Zukunft zu ebnen.

Lucia und ich freundeten uns miteinander an. Sie brachte sich in der Kirchengemeinde ein, und so lernten wir uns besser kennen. Ich stellte fest, dass bei ihr die Verhältnisse genau andersherum sind als etwa in meinem Falle. Wenn ich außen weiß und innen schwarz bin, dann ist Lucia außen schwarz und innen weiß. Erzogen wurde sie in einem DDR-Kinderheim, wo ihr die Konfirmation untersagt wurde und ihr und den anderen schwarzen DDR-Kindern bei der Jugendweihe das Plakat »Alle Kraft zur Stärkung der Republik!« in die Hand gedrückt wurde. Darunter hatte eines der Ovambokinder einen Satz ergänzt, der später ausgezeichnet auf dem Gruppenfoto für die jungen Pioniere zu lesen war: »Ich sitze hier und esse Speck, und wer mich lieb hat, holt mich weg.« Nicht nur für Lucia war weder die DDR noch Namibia das gelobte Land. Sie fühlte sich als heimatlose Wanderin zwischen den Welten. Entfremdet von ihrem totgesagten Vater, der bei der SWAPO als Verräter galt, von dem sie erst Jahre später herausfand, dass er noch lebte, und getrennt von ihren Geschwistern erhielt sie von ihrer Mutter nur alle paar Jahre mal ein paar Neuigkeiten. Und dann wurde sie, mit all den anderen Kids, im August 1990 wie ein Paket aus den Wolken über dem Windhoeker Luftraum abgeworfen.

Mir ging das Schicksal dieser jungen Leute gewaltig an die Nieren. Auf welch ein Potenzial verzichtete der frisch gegründete Staat Namibia hier, indem er diese Jugendlichen so im Stich ließ! Welche Bereicherung hätten die DDR-Kids doch für das Land bedeuten können! So aber endete für viele dieser jungen Menschen die hoffnungsvolle Entwicklung im Schock und in der Sackgasse. Doch nicht für alle. Lucia ist ein schönes Beispiel dafür, wie aus einem so ungewöhnlichen Schicksal ein ganz besonderer Lebensweg werden kann.

Ich wusste aus eigener Erfahrung, was es heißt, in zwei Welten aufzuwachsen, und deswegen kümmerte ich mich um die Neunamibier aus der DDR, so gut ich konnte. Gemeinsam mit meinen Freunden und Kollegen versuchte ich, das zu tun, was der SWAPO-Regierung nach dem Rücktransport der Kinder nicht gelungen war: diesen offenen, begabten, jungen Menschen wieder ein Zuhause und eine Perspektive zu geben. Viele von ihnen kamen nach einigen Wochen oder Monaten im Ovamboland zurück nach Windhoek, andere kehrten nach Deutschland zurück, mancher machte die große Karriere, manch anderer strandete.

Lucia schrieb nach ihrer Zeit in Deutschland ihre Erlebnisse auf und landete damit sogar einen Bestseller über ihre Jahre in der DDR mit dem Titel »Kind Nr. 95«*, ihre Registriernummer als Heimkind in Bellin – ein Mensch als Nummer. Ein anderes DDR-Kid, Andreas, wurde Sportchef der Windhoeker Radiostation und gibt bis heute jeden Samstag die Ergebnisse der 2. Fußballbundesliga mit leichtem Mecklenburger Akzent durch. Lucia, Andreas und all die anderen sind gerade durch ihre Erfahrungen so wertvoll für das junge Namibia. Sie sind die Zukunft, auch wenn die SWAPO das nicht immer kapierte. Ich begriff das sofort und wurde für viele von ihnen zum Mentor, Kulturcoach und deutsch-afrikanischen Brückenbauer. Tatsächlich kannte ich viele ihrer Väter und Mütter aus dem SWAPO-Widerstand der 1970er-Jahre persönlich und hatte nach Cassinga viele Tränen über sie vergossen. Selig sind die, die Gewalt und Krieg nur aus dem Fernsehen kennen und nie am eigenen Leib erfahren müssen! Denn um gegen Gewalt zu sein, muss man sie nicht erst am eigenen Leib erfahren.

Doch ich bin in meiner Erzählung der Zeit weit vorausgeeilt – du wolltest ja wissen, wie es kam, dass ich Teil einer Ovambo-Familie wurde.

---

* Lucia Engombe: Kind Nr. 95, Berlin 2004.

Nach den schrecklichen Ereignissen in Cassinga 1978 besuchte ich nach meiner Scheidung einen alten Ovambopfarrer, Erastus Tshilongo, der keine fünfzig Kilometer von der angolanischen Grenze entfernt in Elim wohnte, und wurde in dessen Haus freundlich aufgenommen. Elim war eine alte Station der finnischen Mission aus dem Jahre 1870, und der alte Tshilongo war einer der respektiertesten Pfarrer des Ovambolandes.

Nachdem wir lange über die Ovambokultur und deren historische Wurzeln gesprochen hatten, sagte der alte Pfarrer beim Hinausgehen zu mir: »Meine Tochter Hilma, die ist derzeit Farmlehrerin. Aber stell dir vor, die ist so seltsam wie ihr Weißen. Denk dir, Hilma hat sich in den Kopf gesetzt, ausgerechnet Theologie zu studieren, und das an einem weißen College. Was hältst du davon, Bruder Peter?«

»Da muss ich erst mal länger mit ihr reden«, sagte ich.

»Gut«, meinte Tshilongo, »dann fang gleich mal damit an. Hier kommt sie nämlich.«

Auf mich zu kam eine bildhübsche junge Frau. Und zwei Stunden später hatte mich Hilma dermaßen beeindruckt und von der Ernsthaftigkeit ihres Studienwunsches überzeugt, dass ich ihr versprach, mich bei der nächsten Kirchenleitungssitzung in Windhoek dafür einzusetzen, dass Hilma Tshilongo erst per Fernstudium in Südafrika und dann in Europa Theologie studieren durfte.

»Ich werde dir beim Fernstudium helfen«, versprach ich ihr, und dieses Versprechen hielt ich treu nach jeder Kirchenleitungssitzung ein. Auch wenn die Sitzungen nie vor elf Uhr nachts zu Ende waren, Hilma und ich studierten danach bis in den frühen Morgen hinein Thomas von Aquin, Luther, Schleiermacher und von Harnack. Wir waren so ernsthaft bei der Sache, dass wir gar nicht bemerkten, wie einige Nachbarn äußerst interessiert beobachteten, dass ein weißer Pastor regelmäßig zu einem schwarzen Mädchen im Nebengebäude verschwand und dann in aller Herrgottsfrühe wieder aufbrach. Zudem stand mein Auto die ganze Nacht hindurch für alle sichtbar vor der Windhoeker Kirche.

Das ging eine Weile so, und keiner sagte etwas. Doch als Hilma Anfang der 1980er-Jahre zur Pastorin ordiniert werden sollte, überraschte mich der Bischof just in jener Kirchenleitungssitzung, die Hilmas Ordination beschließen sollte, mit einer unerwarteten Frage:

»Bruder Pauly«, erkundigte sich der Bischof streng, »uns wurde von mehreren Seiten zugetragen, dass Sie engen Kontakt zu Vikarin Tshilongo haben. Stimmt das?«

»Klar«, gab ich zur Antwort, »ich helfe ihr beim Studium.«

»Also kein sexuelles Verhältnis?«, fragte der Bischof noch strenger.

Ich war wie vom Donner gerührt.

»Nein«, beeilte ich mich zu versichern, »natürlich nicht. Wie kommen Sie denn darauf?«

»Man spricht über Sie beide«, war die Antwort.

»Das soll doch wohl ein Scherz sein«, entgegnete ich.

»Ich finde«, gab der Bischof ernst zurück, »wenn mir fünf verschiedene Leute berichten, dass Sie regelmäßig morgens um vier mit Hemd aus der Hose aus dem Zimmer von Fäulein Tshilongo kommen, dann ist das keine fröhliche Deutschstunde oder ein theologisch-vegetarischer Teekreis, sondern ein handfestes Problem. Das verträgt sich nicht mit dem Ruf eines deutschen Pfarrers.«

Nun wurde ich aber ärgerlich.

»Was mein Ansehen mit meinem Deutschsein zu tun hat, ist mir nicht ganz klar, Herr Bischof. Aber gut. Ich habe natürlich verstanden, was Sie meinen.«

Als ich zu Hilma fuhr, wusste ich nicht, sollte ich mich ärgern oder besser über das Ganze lachen. Schließlich war ich ein zottiger Pope in meinen Sechzigern, während Hilma halb so alt war wie ich, eine außerordentlich hübsche Theologiestudentin kurz vor der Ordination. Doch auch Hilma hatte etwas zu erzählen.

»Stell dir vor«, sagte sie, »wer heute hier war. Meine Tante! Und die erzählte auch von diesen Gerüchten. Aber das Beste ist: Sie empfahl mir, doch einen von den netten, jungen Ovambopfarrern zu heiraten. Ja, sie nannte mir sogar gleich einige Namen. Als ich sie darauf hinwies, dass all ihre Kandidaten bereits verheiratet waren, schien sie das nicht weiter zu stören.«

Wir lachten, und ich war erleichtert, dass sie es so humorvoll nahm.

»Und dann«, fuhr sie fort, »hab ich zu meiner Tante gesagt: ›Eigentlich will ich überhaupt nicht heiraten. Und wenn, dann muss es einer sein wie der, den man im Ovamboland den ›schwarzen Peter‹ und bei den Weißen nur den ›farbenblinden Negerfreund‹ nennt.‹ Da verließ meine Tante wutschnaubend das Zimmer.«

Was soll ich sagen? Ich war höchst erstaunt und natürlich auch etwas stolz darauf, einer so attraktiven jungen Frau noch als Zukunftsmodell vorzuschweben, obwohl doch meine besten Zeiten beim Blick auf das Geburtsdatum im Führerschein zumindest statistisch schon hinter mir lagen. Tatsächlich hatte ich in Hilma zum ersten Mal in meinem Leben einen Menschen kennengelernt, mit dem ich über alles reden konnte. Sie war klug, ohne dabei zynisch oder altklug zu werden. Sie hatte Humor, wir konnten gemeinsam lachen. Ja, Hilma gefiel mir außerordentlich. Und doch ahnten wir beide damals noch nicht, dass unsere Gespräche viele Jahre später in der ersten Ehe zwischen einem weißen Pfarrer und einer schwarzen Theologin münden sollten. Weißt du, seit meiner Scheidung wusste ich nicht mehr, wohin ich eigentlich gehörte. Ich war selbst darüber irritiert, dass ich mich im Ovamboland immer wohler fühlte, wohler als im von den Weißen dominierten Teil Namibias. Ohne dass es mir bewusst war, wurde ich im Herzen immer mehr zum Ovambo, und gleichzeitig driftete ich unaufhaltsam aus meinem »weißen« Leben, und das war ein seltsames Gefühl.

Über all diese Dinge, schwer fassbar, noch schwerer formulierbar, konnte ich nur mit einem Menschen reden: mit Hilma. Und wenn ich so zurückdenke, dann waren wohl jene Jahre, auch wenn sie die gefährlichsten waren durch die politischen Umstände, dennoch die besten meines Lebens. Zwischen Anschlägen, Vergeltungsaktionen, Ausgangssperre und Terrorangriffen von Schwarz und Weiß kamen Hilma und ich uns immer näher, auch wenn wir uns die Liebe, die zwischen uns wuchs, noch lange Zeit nicht einzugestehen wagten. Hilma war inzwischen Lehrerin geworden, während ich immer noch wie ein Wanderprediger zwischen allen Fronten unterwegs war.

Was war das zwischen uns? Gab es denn für eine »Kombination« wie uns beide überhaupt eine Zukunft? Sprach nicht alles gegen eine Verbindung zwischen einem weißen Pastor und einer schwarzen Theologin und Lehrerin, die leicht seine Tochter hätte sein können? Ich kam mir vor, als sei ich in einer afrikanischen Neuauflage von »Vom Winde verweht« gelandet, bei dem Nord- und Südstaaten durch Schwarz-Weiß ersetzt waren. Und doch – als alter Preuße gefiel mir diese Farbkombination. Und eines Abends sagte ich zu Hilma: »Du, ich glaube wir werden ein echt preußisches Paar, schwarz-weiß eben!«

Hilma hatte ihrerseits genug über uns Deutsche und unsere bewegte Geschichte gelesen, um mich sofort zu verstehen, und fügte mit einem Lachen hinzu: »Aber bitte nur getreu dem Motto deines ersten preußischen Gürtelschlosses. Hast du mir nicht mal gesagt, da habe draufgestanden: ›Mit Gott‹?«

Wir lachten. Und dann geschah es: Hilma beugte sich über mich und küsste mich auf die Stirn.

Alles, was ich mit dieser Frau erlebte, war verbunden mit einem so tiefen Gefühl, wie ich es noch nie empfunden hatte. Noch in derselben Nacht, es war im Winter 1985, nahm ich all meinen Mut zusammen.

»Willst du meine Frau werden?«, frage ich Hilma.

Nie werde ich vergessen, wie sie über das ganze Gesicht strahlend erwiderte:

»Klar. Nur fragst du nach unserer Tradition an der komplett falschen Stelle! Mein Vater ist es, den du nach der Ovambotradition überzeugen musst. Mich hast du schon seit Langem überzeugt.«

»Gut«, erwiderte ich, »dann lass uns gleich hinfahren. Das ist so eine deutsche Sache – die Dinge möglichst schnell in trockene Tücher zu bringen.«

»Peter«, wandte Hilma ein, »es ist drei Uhr morgens.«

»Umso besser«, war meine Antwort, »dann sind wir pünktlich zum Frühstück in eurem Kraal.«

Gesagt, getan. Auf der Stelle brachen wir auf, um Erastus Tshilongo, das Oberhaupt des Iipumbu ya Tshilongo Clans, um die Einwilligung in unsere Hochzeit zu bitten. Unterwegs kamen mir Zweifel, ob er zustimmen würde.

Ich, der alte Knabe, und sie, eine so zauberhafte junge Frau. Außerdem war ich trotz jahrelanger Freundschaft doch ein Fremder im Ovamboland. Auch wenn mich Hilma beruhigte und mir versicherte, dass es gar nicht ungewöhnlich sei, dass die Tshilongo-Frauen Männer von weiter her heirateten statt aus ihrer näheren Umgebung. Einen waschechten Breslauer hatte der alte Tshilongo bestimmt nicht auf dem Plan.

Als Hilma und ich den Kraal betraten, kamen aus allen Winkeln kleine Kinder angelaufen, die mich, den weißen Ovamboopa, anfassen wollten. Mit meinen fast siebzig Jahren war ich nervös wie ein Backfisch, als Erastus Tshilongo auf mich zutrat.

»Ich möchte um die Hand deiner Tochter Hilma anhalten«, sagte ich und hatte einen veritablen Frosch im Hals.

Ich rechnete mit allem Möglichen. In Deutschland würde ein künftiger Schwiegervater wahrscheinlich fragen, ob ich seine Tochter auch ernähren könnte, möglicherweise würde er Fragen nach Bankkonto und Karriereaussichten stellen. Der alte Tshilongo dagegen hatte eine ganz andere Frage auf dem Herzen.

»Willst du wirklich Teil unserer Familie werden?«, wollte er wissen.

Ich fühlte, wie mir bei diesen Worten die Tränen in die Augen stiegen.

»Ja«, sagte ich, »ich könnte mir nichts Schöneres vorstellen.«

Ich wusste, was er meinte. Mit meiner Heirat in seine Familie würde ich auch eine Rolle übernehmen, die ich nicht mehr einfach so nach Lust und Laune würde abstreifen können.

»Eines Tages«, hatte mir Hilma auf der Fahrt erklärt, »wirst du der Älteste in der Familie sein. Dann bist du das

Familienoberhaupt, mit allen Rechten, aber auch Pflichten. Das sollte dir klar sein, ehe du meinen Vater fragst.«

Ich hatte ihr versichert, dass es genau das war, was ich mir wünschte: Ich wollte endlich wieder eine Familie haben, Menschen, zu denen ich gehörte.

»Deine Familie soll auch meine Familie sein«, hatte ich ihr gesagt, und jetzt wiederholte ich es vor ihrem Vater.

Da umarmte mich der alte Tshilongo und sagte bewegt: »Wir wollen von ganzem Herzen, dass du unser Sohn bist. So oft höre ich in Windhoek von dem, den sie den ›schwarzen Peter‹, den ›Negerfreund‹ nennen. Mich interessiert nicht Schwarz oder Weiß, sondern die Farbe deiner Träume und die Melodie deines Herzens.«

Bewegt sah ich, wie dem alten Mann Tränen über die Wangen rollten. Auch meine Augen wurden feucht. Ganz anders als die weißen Südwester, die, hart wie Kameldornholz, ihre Gefühle nicht mehr zu zeigen vermochten, machte sich der alte Tshilongo ausgerechnet vor mir als Weißen verletzlich. Ich begriff, dass es für ihn ebenso wichtig war, dass sein Schwiegersohn vor ihm seine Gefühle zeigen konnte.

»Peter«, sagte er liebevoll zu mir, »du sollst meine Hilma heiraten und wirst der beste Tshilongo, das beste Familienoberhaupt, den das Ovamboland je gesehen hat.«

Einige Monate später, im Jahr 1986, fand unsere große, traditionelle Ovambohochzeit mit Hunderten von Gästen statt. Und was mich besonders glücklich machte: Auch alle meine Kinder waren zu diesem großen Tag gekommen, während Ursula nicht die Kraft dazu hatte. Das konnte ich verstehen, auch wenn es mir und vor allem meiner Hilma sehr leidtat. Umso mehr freute ich mich darüber, dass sich meine Farbenblindheit an meine Kinder offenbar vererbt hatte. Meine Tochter Rosi, die Lehrerin geworden war, hatte in Swakopmund gerade eine Schule für Kinder aller Hautfarben aufgemacht. Nach dem Ende der Apartheid wurde daraus eine der ersten Integrationsschulen im Land. Für mich war dies das schönste Hochzeitsgeschenk, und ich erzählte stolz der ganzen Hochzeitsgesellschaft davon.

Die Kirche in Elim war geschmückt, die Ochsen waren geschlachtet. Wir Brautleute wurden vom Kraal der Familie mit Jubel und Geschrei der Frauen begleitet. Sie wedelten mit Kuhschwänzen, um böse Geister zu vertreiben. Dahinter lief der Kirchenchor und sang Psalmen. Nach Ovambotradition waren Leute in geschwisterlicher Verbindung dabei, die im selben Jahr wie die Braut in die Stammesgemeinschaft aufgenommen worden waren. Wenn jemand zu dieser großen Familie gehört und ein Bett braucht, dann bekommt er eines. Braucht er Nahrung oder Schutz, bekommt er auch das. Ein Vetter der Familie wedelte mit einer Holzschlange vor uns her, und Hilma erklärte mir, dass die Schlange ein Wappentier ihrer Familie väterlicherseits war. Dann brachte jemand Waffen, Pfeil und Bogen zur Selbstverteidigung, und vor der Kirche ging ein Regen von Geld auf uns nieder, das ein dienstbarer Geist in einem Jutebeutel für uns einsammelte. Eine stattliche Summe kam da zusammen, und das konnten wir auch gut gebrauchen. Eine echte Ovambohochzeit ist nämlich wirklich teuer, weshalb man sie nur einmal im Leben feiert!

Da ich der Tradition nach auch Brauteltern brauchte, meine eigenen aber schon vor Jahren dahingeschieden waren, übernahm der Superintendent von Oshakati mit seiner Frau diese Rolle. Die Brauteltern saßen in der ersten Reihe, als ich mit Hilma am Arm die bis auf den letzten Platz gefüllte Kirche betrat. Der Organist orgelte mit größter Inbrunst den Hochzeitsmarsch von Mendelssohn-Bartholdy im Herzen Afrikas.

Schließlich erhob sich Erastus Tshilongo zu einer Ansprache, die ich mein Leben lang nicht vergessen werde.

»Wir erleben heute einen historischen Tag hier bei uns im Ovamboland«, begann er. »Denn es ist das erste Mal, dass ein Mitglied dieser Gemeinde einen Weißen heiratet. Und dieser Weiße ist mein Sohn Peter aus Deutschland.«

In der Kirche konnte man trotz der vielen Gäste eine Stecknadel fallen hören.

»Ich will euch dazu eine Geschichte erzählen aus der Zeit, als ich noch als Diamanten-Ovambo in Lüderitzbucht gearbeitet habe. Dort musste ich 1914 mit ansehen, wie ein deutscher Vorarbeiter im Zorn meinem Onkel mit einem Hammer den Schädel einschlug. Seitdem habe ich gedacht: Diese Deutschen sind ein gewalttätiges Volk. Ich hatte Angst vor ihnen. Nach diesem Erlebnis hätte ich mir nicht vorstellen können, dass ausgerechnet meine eigene Tochter sich einmal einen Deutschen als Mann aussuchen würde.«

Einen quälend langen Augenblick war es totenstill in der Kirche. Erastus wartete eine Weile, dann fuhr er fort: »Jetzt hat mir der liebe Gott einen deutschen Schwiegersohn ins Haus geschickt. Und ich glaube fest daran, dass er mir und uns allen damit zeigen will, was für Leute diese Deutschen wirklich sind: nämlich liebenswerte, wunderbare Menschen.«

Wieder schossen mir die Tränen in die Augen.

»Lass sie ruhig laufen«, flüsterte mir Hilma zu. »Es ist bei uns Ovambos kein Zeichen der Schwäche, sondern vielmehr der Stärke, wenn ein Mann sich traut öffentlich zu weinen.«

In diesem Moment muss ich besonders stark gewirkt haben, denn die Tränen sprudelten nur so aus mir heraus. Dann setzte die Orgel ein und spielte »Nun danket alle

Gott«. Erastus sang wunderschön auf Oshivambo, während ich dazu auf Deutsch schluchzte.

»Dies ist in der Tat ein historischer Tag«, flüsterte mir mein Schwiegervater ins Ohr. Und auf der anderen Seite flüsterte Hilma auf Deutsch: »Das ist der schönste Tag meines Lebens. Danke von Herzen, Peter!«

Vor der Kirche wartete eine Menschenmenge, und zweihundert geladene Gäste zogen zum Gehöft. Zwölf Rinder waren geschlachtet worden. Ein Vetter erklärte mir, mit der Anzahl der Autos des Präsidenten sei das wie mit der Anzahl der Rinder: Je länger der Tross, desto höher der Status. Wer zwölf Rinder schlachten konnte, der galt etwas im Ovamboland. Die Hochzeitstafel bog sich unter der Last der traditionellen Gerichte: Berge von Mahangopap, Hirsebrei, gebratener Strauß, Steaks vom Kudu und vom Oryx. Sogar Krokodil wurde gereicht. Im Haus des Pastors gab es keine alkoholischen Getränke, doch einer der Ovamboverwandten hatte sich meiner deutschen Herkunft erinnert und ein Sixpack Malzbier mitgebracht, denn alkoholfreies Bier gab es damals noch nicht. Die Hochzeit fand auf dem heiligen Boden statt, auf dem sich das Grab des großen Ovambokönigs N'gumbo befand.

Die Könige des Ovambolandes hatten es anders als die Herero und Nama geschafft, sich die Deutschen auch nach 1904 vom Hals zu halten. Zu einem Fort in Namutoni an der Grenze zum Ovamboland hatten es die Preußen gebracht, blütenweiß, mit einer Kanone aus der Waffenschmiede Krupp und einem Hauch von Wildem Westen, aber weiter nach Norden stießen die Schutztruppenoffiziere nicht vor. Warum? Ovamboland war malariaverseuchte *terra incognita*. Auf den alten Afrika-Karten stand an dieser Stelle immer der lateinische Satz »*Hic sunt leones*« – »Hier sind die Löwen«, eine Chiffre der Kartografen alter Landkarten für unbekanntes und damit gefährliches Terrain.

Problematischer als die tatsächlich dort vorkommenden Löwen war für die Deutschen in der Tat die Anopheles-Mücke, die Malaria überträgt, vor der du dich so fürchtest. Auch mich hat sie schon erwischt, doch ich trotze dem Sumpffieber mit meinem Hausrezept Rotwein mit Chinin. Als die katholischen Missionare des Heiligen Franz von Sales und die Oblaten aus Hünfeld bei Fulda um 1900 in die Kolonie kamen, erlaubte ihnen der militante Protestant und Preuße, Gouverneur von Lindequist, lediglich im von Malaria verseuchten Norden des Schutzgebiets am Kavango nahe der angolanischen Grenze zu arbeiten und dort für Papst, Kaiser und Reich wie die Fliegen zu sterben. Im Gegenzug wurde mancher Ovambo von den Deutschen für die Bergwerke und Minen im Süden als Kontraktarbeiter angeheuert und schuftete sich dort nicht selten zu Tode.

Zwar unternahm der beförderte Schutztruppenkommandeur Victor Franke noch kurz vor dem Ausbruch des Ersten Weltkriegs eine Strafexpedition in den hohen Norden, nachdem die Ovandongas, ebenfalls ein Ovambostamm, versucht hatten, das Fort Namutoni am Etosha-Nationalpark zu stürmen, aber das war die letzte deutsche Expedition ins Ovamboland. All das änderte sich nach 1918 unter den Südafrikanern, die sich nun den Ovambos als größter Bevölkerungsgruppe gegenübersahen. Plötzlich wurden die Kriege dort oben ausgefochten, und die Ovambos flüchteten zu ihren Brüdern und Schwestern nach Südangola. Den Rest der Geschichte kennst du bereits.

Und nun, 1986, diese erste kirchliche Hochzeit eines Weißen mit einer Schwarzen mitten im Krisengebiet. Auf ein Glückwunschschreiben von General Dreyer warteten wir an jenem Nachmittag vergeblich, während die Koevoet-Soldaten uns mehrere Düsenflieger als »Hochzeitsgeschenk« schickten, die unsere Festgemeinde im Tiefflug erschreckten. Auch die Südafrikaner hatten über ihre Kirchenspitzel offenbar erfahren, dass in Elim etwas Historisches passierte.

Denn noch immer war eine Ehe zwischen einem Weißen und einer Schwarzen etwas Ungeheuerliches für die damaligen Verhältnisse. Schließlich hatte der Verkehr zwischen den beiden Bevölkerungsgruppen per Verordnung lange unter Strafe gestanden. Und eine schwarz-weiße Ehe ist sogar im heutigen Namibia noch eine Seltenheit.

Nach unserer Hochzeit setzte Hilma zunächst ihre Arbeit als Lehrerin an der kirchlichen Schule in Oshigambo fort, die heute Hilmas Namen trägt. Ich dagegen wurde als landwirtschaftlicher Berater der Kirche immer mehr in Beschlag genommen. Ob es nun um die Frage ging: »Blumenkohl- und Tomatenbewässerung besser über Tropfbewässerung oder offene Rinne?« oder ob ich in die Rolle eines Hobby-Tierarztes schlüpfte, der Kälbern auf die Welt half. Für viele wurde ich so zum Ansprechpartner Nummer eins. Unseren Wohnsitz verlegten Hilma und ich von Elim nach Oniipa, wo der schwarze Bischof des Ovambolandes, Leonardo Auala, seinen Dienstsitz hatte. Bei einem Kurzbesuch in Windhoek sagte ein altes Gemeindemitglied aus Lüderitzbucht dann doch tatsächlich: »Sehen Sie, Herr Pfarrer, so weit sind Sie jetzt schon. Jetzt arbeiten Sie als Weißer für die Neger!«, während dem deutschen Gastpfarrer, der daneben hockte, die Kinnlade herunterklappte.

Geistesgegenwärtig wie meist antwortete ich: »In jedem Fall angenehmer, als für die burischen Schlappohren vom Kap zu arbeiten! Ich sage Ihnen Folgendes: Einer meiner Freunde verdingt sich jetzt als Gauleiter für die Südafrikaner im Ovamboland. Dem habe ich eine Karte geschrieben, auf die schrieb ich hinten nur: ›Gruß, Peter‹. Vorne stand in großen Lettern gedruckt: ›Blödmannsgehilfe‹. An diesem Kartentext siehst du, dass eines noch schlimmer ist, als ein Blödmann zu sein: nämlich der Gehilfe eines Blödmanns zu sein. Und ein Blödmann ist mein Arbeitgeber, der Bischof Auala, ganz sicher nicht – anders als Louis Pienaar, der südafrikanische Landeshauptmann von Südwestafrika. Die Ovambos nannten Pienaar darum auch nur ›Peanut‹ in Würdigung seiner geistigen Brillanz und seines unermesslich weiten Horizonts.« Tatsächlich war »Peanut« dann auch der Letzte seiner Art, und seine Amtszeit endete mit der Unabhängigkeit Namibias im Jahre 1990.

Auch wenn Hilma und ich keine eigenen Kinder hatten, war unser Haus typisch afrikanisch. Das bedeutet, dass es immer voller Kinder war: Pflegekinder, Kinder aus der großen Tshilongosippe, Problemkinder, Schulkinder aus Hilmas Klasse, die Waisen waren oder deren Eltern völlig verarmt waren. All die wuchsen bei uns auf. Es war ein lautes, zuweilen chaotisches, aber immer fröhliches Haus. Und ich? Ich genoss dieses neue Leben in vollen Zügen. Zwanzig Jahre lang war ich einsam und heimatlos gewesen, und auf einmal hatte ich das Gefühl, angekommen zu sein. Denn im Grunde meines Herzens bin ich ein Familienmensch. Jeder einzige Tag mit Hilma war ein Geschenk für mich, trotz aller politischen Schwierigkeiten, die damals herrschten.

Natürlich gab es davon mehr als reichlich, denn Mitte der 1980er-Jahre, als sich der Stern der Südafrikaner steil im Sinkflug befand, als die halbe Welt die Freilassung Nelson Mandelas forderte und am 11. Juni 1988, dem siebzigsten Geburtstag Mandelas, vor über 70 000 Menschen im Wembleystadion ein Anti-Apartheid-Konzert stattfand, das über eine Milliarde Menschen weltweit auf den Fernsehschirmen verfolgte – in dieser Zeit benahmen sich die Südafrikaner wie ein Tier, das in die Ecke gedrückt wird. Es fängt an, immer lauter zu knurren, um dann plötzlich immer wilder um sich zu beißen.

Eines Nachts standen die Koevoet-Soldaten in Elim, und zwar mitten in unserem Kraal. Angeblich sollte sich ein SWAPO-Mann bei uns versteckt haben. Diesmal wurden keine fünfhundert Meter Abstand zur Kirche des Dorfes gehalten, keine Fragen gestellt, und auch mein weiß gestärkter Pfarrerskragen unterm schwarzen Hemd zeigte keine Wirkung. Hilma und ich stellten uns vor die Hütten. Wir wurden beiseitegeschoben, doch ein SWAPO-Kämpfer war in keiner der Hütten zu finden. Als die Soldaten schon im Begriff waren, den Kraal zu verlassen, wandte sich Hilma an einen der Burenkommandeure.

»Man braucht kein Pazifist zu sein«, sagte sie, »um zu begreifen, was das eigentliche Problem der Besatzer ist: Je martialischer, je brutaler die Südafrikaner auftreten, umso mehr vermitteln sie doch den Leuten hier, dass das Apartheidsregime am Ende ist. Sonst bräuchten Sie sich doch nicht so aufzuspielen und um sich beißen.«

Stumm zog der Bure mit seinen Leuten ab. Das Ende der Apartheid war zu dem Zeitpunkt keine Frage mehr des ›Ob‹, sondern nur noch eine des ›Wann‹ und ›Wie‹. Paradoxerweise war es genau das, was die 1980er-Jahre im Ovamboland so gefährlich machte. Der immer wilder um sich beißende Hund befand sich bereits im Todeskampf!

Eines Tages besuchte uns ein deutscher Journalist. Offenbar hatte er von diesem seltsamen Kerl gehört, diesem weißen Afrikaner, dem Ovamboopa. Damals war mein Schwiegervater fast hundert Jahre alt, und wie jeden Gast baten wir auch diesen Journalisten an unseren Tisch – einen großen Topf in unserer Mitte.

»Ich habe gehört«, begann er, »Sie sind eigentlich Breslauer und waren erst Pfarrer im Süden Namibias, in der deutschen Gemeinde Lüderitzbucht, bevor Sie hierher kamen. Warum sind Sie denn jetzt hier oben?«

»Weil meine Frau hier ist«, antwortete ich, »und ich meine Familie liebe, so, wie Sie wahrscheinlich die Ihre lieben! Zudem bin ich landwirtschaftlicher Berater meiner Kirche im Ovamboland.«

»Was genau lieben Sie denn an Ihrer schwarzen Familie?«

Da musste ich doch überlegen. Wieso liebt man Menschen? Dann wandte ich mich an meinen Schwiegervater, der zwar kein Deutsch verstand, aber als langsam erblindender Mann die Gefühlslagen seiner Gesprächspartner allein aufgrund ihrer Stimmlagen genau einzuschätzen wusste.

»Was ich an meiner Familie liebe«, das Wort ›schwarz‹ ließ ich bewusst weg, »ist, dass ich aus einem anderen Land komme, einer anderen Kultur, dass ich eine andere Sprache spreche und hier in Elim doch genauso angenommen werde, wie ich bin. Ich bin als Teil dieser Familie von allen voll akzeptiert, ohne Abstriche. Wie alle Familien haben auch wir unsere Probleme, aber diese Konflikte hatten noch nie ihre Ursache darin, dass ich weiß bin und Hilma schwarz. Erastus ist mein Vater, und ich bin sein Sohn, und seine Tochter Hilma ist meine Frau. So einfach ist das.«

Ich nahm Erastus' Hand, hielt sie und legte sie dann auf die Hand des deutschen Besuchers. Dieser nahm die knochige Hand des Alten, die ihn stärker drückte, als er wohl gedacht hatte.

»Willkommen, Freund«, sagte Erastus Tshilongo. Und damit hatten sich wohl alle weiteren Fragen erübrigt. Der

Besucher hatte verstanden, was mir viele Weiße nicht verzeihen: dass ich in meinem Leben wie Lieben keinen Unterschied mache, schon gar nicht aufgrund der Hautfarbe. Diese Leute haben nie verstanden, dass ich keineswegs die Seite gewechselt oder »die deutsche Rasse verraten« habe, wie das die Südwester-Farmer in Otavis Kneipen ausdrückten. Dabei war es doch ganz einfach, schon Martin Luther King jr. hat dies in einem einfachen Satz auf den Punkt gebracht: »Wir haben gelernt, wie Vögel zu fliegen und wie Fische zu schwimmen. Doch die einfachste Kunst haben wir nicht erlernt: als Brüder zu leben.« Auf einen Bruder sehe ich nicht herab, ihn bestehle ich nicht, ihm schlage ich nicht den Schädel mit einem Hammer ein, wie es Hilmas Großonkel auf den Diamantfeldern erging. Ich foltere ihn auch nicht in einem SWAPO-Lager in Sambia. Eigentlich sind das doch alles ganz grundsätzliche Dinge, die Botschaft der Bergpredigt, und alles schon in den Zehn Geboten verankert. Wieso also taten sich viele damit noch im täglichen Umgang so schwer? Als Nichtarier, Internierter und Farmverwalter mit Hunderten schwarzen Arbeitern hatte ich genug gesehen, um die alte Weisheit zu verstehen, dass nur aus Liebe wirklich Gutes entstehen kann, niemals aus Gewalt. Und diese Liebe fand ich durch Hilma beantwortet, und zwar auf eine zauberhafte Weise. Ja, ich war glücklich! An Hilmas Seite verbrachte ich die glücklichsten Jahre meines Lebens. Nur sagte mir die Lebenserfahrung, dass Glück vielleicht bedingungslos sein mag, aber dennoch nie ewig währt.

Und so kam es dann leider auch: 1991 wurde Hilma schwer krank, Fieber, Schüttelfrost. Bestimmt nur eine Grippe, klar, was sonst? Sie war immer kerngesund gewesen, eine robuste Ovamboschönheit. Doch das Fieber stieg, der Arzt musste des Nachts aus dem weit entfernten Oniipa kommen.

Sein Urteil: Sofort ins Krankenhaus. Dort die Diagnose nach wenigen Tagen: Unterleibskrebs. Ich kam mir vor wie in einem bösen Traum. Hilma musste sofort operiert werden, und zwar in Windhoek. Während ich in tiefe Verzweiflung stürzte, blieb Hilma bewundernswert ruhig. ›Warum sie?‹, fragte ich mich, ›warum nicht ich? Ich bin doch der so viel Ältere!‹

Während ich mit Gott und dem Schicksal haderte, schrieb mir Hilma nach der Operation einen Satz auf Deutsch auf einen Zettel, den Beginn eines Kanons, den wir beide so oft in Elim in der Kirche gesungen hatten: »Unsere Zeit – in Gottes Händen.«

Hatte ich gehofft, die Operation würde Erleichterung bringen, so sah ich mich getäuscht. Hilma ging es von Tag zu Tag schlechter. Die Ärzte sprachen vom Erfolg der Operation, doch ich musste mit ansehen, wie meine junge Frau immer schwächer wurde. In jenen Tagen, als Hilma in Windhoek im Krankenhaus lag, sollten im Ovamboland ihre afrikanischen Ziehsöhne konfirmiert werden. Am Freitag davor winkte sie mich zu sich.

»Mein Wunsch ist«, sagte sie, »dass ich bei der Feier dabei bin, was auch immer passiert.«

Ich sprach mit den Ärzten, die rieten strikt ab. Ich zögerte. Aber als ich in die Augen meiner Frau sah, konnte ich ihr diesen Wunsch nicht abschlagen. Wir hatten entfernte Verwandte, die in Katutura wohnten, und die kamen extra mit einem Kleinbus. Noch am selben Tag fuhr ich mit meiner kranken Hilma ins Ovamboland. Die lange Fahrt war für sie eine wahre Tortur, aber sie klagte mit keinem Wort. Einen Tag später, am Samstag, kamen wir im Norden an. Sie schaffte es nicht mehr in den Konfirmationsgottesdienst, aber sie lächelte. Trotz aller Schmerzen lächelte sie, bis sie am Abend zusammenbrach. Ich nahm Hilma auf meine Arme. Ihre Brüder legten Matratzen auf die Ladefläche des Off-Road-Bakkie. Mit Höchstgeschwindigkeit und ohne Blaulicht ging es über die verstaubten, holprigen Straßen nach Oshakati ins Krankenhaus. Als ich sie dort wiedersah, lag sie klein und bleich in ihrem Bett, an zahlreiche Schläuche angeschlossen. Sprechen konnte sie kaum noch. Mir war klar, den Morgen würde sie wahrscheinlich nicht mehr erleben.

Ich wusste aber, dass sie sich verabschieden wollte, und so fuhr ich los und holte wenigstens noch einen Teil ihrer großen Familie zum Krankenhaus. Nie werde ich den dankbaren Ausdruck in ihrem Gesicht vergessen, die Freude, dass alle nochmals bei ihr sein konnten. Mit schwacher Stimme dankte sie mir und bat mich, noch eine Pflegetochter und zwei andere Kinder zu holen.

»Ich würde sie so gerne noch mal sehen«, sagte sie.

Es sollten die letzten Worte sein, die meine geliebte Hilma mir sagte, denn als ich mit den Kindern im Krankhaus eintraf, kam mir Pastor Awia, mein Nachbar, entgegen. Er ergriff meine beiden Hände.

»Hilma«, sagte er, »ist gerade gestorben.«

Ich weinte, weinte wie noch nie in meinem Leben. Warum hatte ich nicht bei ihr sein dürfen in ihren letzten Augenblicken hier auf Erden? Da strömten die Mitglieder des Kirchenchors direkt von der Probe die Gänge herein ins Krankenhaus. Und so kam es, dass der Chor Hilma mit einem Abschiedsgesang begleitete, als sie aus dem Zimmer gerollt wurde.

Was nun kam, ging an mir vorüber, als sei ich in einen dichten Nebel gehüllt worden. Die Beerdigung wurde vorbereitet, die große Verwandtschaft kam. Ich erlebte das alles wie in einem Film. Hilma wurde in Elim begraben. Direkt daneben ließen sie Platz – für mich.

Hilma Tshilongo, meine geliebte Frau, wurde nur 46 Jahre alt, und als sie starb, war ich nicht an ihrer Seite. Wenn ich ehrlich bin, macht mir das manchmal heute noch zu schaffen. Damals fiel ich nach sechs Jahren glücklicher Ehe in ein Loch, das tiefer gar nicht hätte sein können. Die Jahre mit Hilma waren so außergewöhnlich gewesen, dass ich nicht wusste, wie ich die Lücke schließen sollte. Sicherlich, für einen Christen wie mich sollte das ja viel leichter sein, weil der Tod als solcher seinen Stachel für uns lange verloren hat. Das half aber nicht gegen die Einsamkeit und die Leere, und das Gefühl, dass mir alles plötzlich so sinnlos erschien. Das Einzige, was wirklich half, war meine afrikanische Familie. Nicht so sehr, weil sie für mich sorgte, mich bekochte und mir die Tage leichter zu machen versuchte, sondern weil ich wusste, dass sie mich jetzt umso mehr brauchte. Kinder hatten die Pflegemutter verloren, Eltern die Tochter, die Familie diejenige, die sie innig liebte und auf die alle so stolz waren. Bei der Heirat hatte ich ja nach alter Ovambositte versprochen, dass ich als Ältester nach Hilmas Eltern das Familienoberhaupt sein würde. Ich ging also nicht nach Windhoek, um dort zu verbittern, sondern ich blieb bei meiner schwarzen Familie, kümmerte mich um die Schwiegereltern und den ganzen Kraal. Und wie du siehst, tu ich das bis heute. Schon in den Jahren vor Hilmas Tod war das eine Aufgabe für mich, über der die Politik in den Hintergrund trat. 1990 war aus Südwestafrika das unabhängige Namibia geworden, und die Weißen hatten Angst vor einem schwarzen Mann, der jetzt selbst an den Schaltstellen der Macht saß, Angst vor der Nacht der langen Messer. Ich aber hatte

Der Kraal Elim

nun ganz handfeste Sorgen als Oberhaupt einer Großfamilie im Ovamboland. Die Fragen, die mich nun beschäftigten, waren anderer Art. Zum Beispiel: Wie kriege ich während einer Trockenzeit die Großfamilie satt?

Mein Schwiegervater war mit 106 Jahren mittlerweile der älteste Pastor und einer der ältesten Bürger Namibias geworden. Immer mehr Honoratioren, Altersforscher und Gutmenschen kamen, was nett gemeint war, nur war damit der Tisch noch nicht gedeckt. Die Verantwortung dafür lag nun allein auf meinen Schultern, aber diese Verantwortung war es auch, die mir half, mit meiner Trauer, meiner Leere nach Hilmas Tod umzugehen. Erst als meine Schwiegereltern hochbetagt starben, war ich bereit, 1995 wieder nach Windhoek zurückzugehen. Noch immer bin ich das Familienoberhaupt, und mehrmals im Jahr bin ich oben in meinem

Kraal. So ist mein eigentliches Versprechen gegenüber den Schwiegereltern seitdem erfüllt. Und so kommt es, dass immer mehr Mitglieder meiner Ovambofamilie das Landleben hinter sich lassen und bei mir in Windhoek in meiner Kirchenwohnung auftauchen. Wenn auch manche in der Stadt Fuß fassen konnten, eine Arbeit finden, so gibt es doch genügend, denen das nicht gelingt. Für die bin nun ich die Anlaufstelle, der Ovamboopa, der ja glücklicherweise bis heute eine feste Stelle als Archivar bei der Kirche hat. Und wenn ich auch nicht mehr als 200 Euro im Monat zur Verfügung habe – für die Großfamilie reicht es doch immer irgendwie, nach dem Vorbild der legendären, biblischen Vermehrung von den fünf Broten und zwei Fischen. Und wenn mich einer fragt, wie es mir geht, dann sage ich meist: »Danke! Unverdient gut!«

Ein weiterer Verwandter des Wüstenpredigers

10. Kapitel
Was bleibt

Die Zukunft gehört keinem.

Sprichwort der Ndebele

1995 kam ich in ein vollkommen verändertes Windhoek zurück. Dort hatte sich nach dem *wind of change*, dem friedlichen Übergang in die Unabhängigkeit unter dem Ovambo Sam Nujoma im Jahre 1990, über Nacht vieles verändert. Das merkte ich sofort am Stadtbild und an der Umbenennung der Windhoeker Hauptstraße von »Kaiserstraße« in »Independence Avenue« oder auch an der Tatsache, dass die Windhoeker Christuskirche mit ihrer von der Kaiserin gestifteten Bibel nun religionspolitisch wenig harmonisch an der Ecke der »Fidel Castro Street« und der »Robert Mugabe Avenue« lag. Das hätte sich der Wilhelm II. sicher nicht träumen lassen. Was sich aber vor allem geändert hatte in den Städten Namibias, war das farbige Straßenbild, die spürbare Freiheit nach dem Ende der Apartheid und die Gespräche der Weißen – weniger deren Inhalt als die Lautstärke. Die saßen immer noch in der Windhoeker Kneipe »Zum Wirt«, wo schlesische Würste, überdimensionierte Kassler und Königsberger Klopse serviert wurden. Nun aber steckten sie beim Reden die Köpfe zusammen und tuschelten, statt zu brüllen.

Und ich, der »Negerfreund«, war über Nacht ein hochgeachteter Berater geworden, schließlich verstand ich die

Ovambos besser als die meisten Südwester und war in allen politischen Wirren ich selbst geblieben: ein weißer Afrikaner, der sich nicht verbiegen lässt. Als mich der Premierminister, den ich noch als Schuljunge mit dem schönen Namen »Gottfried« aus Otavi kannte, bei einem Empfang fragte:

»Peter, ich kann dich politisch immer so schwer verorten. Gegen die Südafrikaner warst du, aber gegen uns bist du auch immer hart ins Gericht gegangen. Was bist du eigentlich? Sozialist, Aktivist oder Revanchist?«

»Meine afrikanische Tante Ferida sagte mir mal«, gab ich zur Antwort, »alles mit ›-ist‹ am Ende führt zu wenig Gutem: Kommun-ist, Fasch-ist, Bigam-ist, *you name it*. Der deutsche Schriftsteller Erich Kästner hat das am eigenen Leibe erfahren, als die Nationalsozialisten seine Bücher verbrannten. Doch statt zu zerbrechen, dichtete er gegen die Idiotie der anderen.«

»Und wie geht so ein Gedicht gegen die Idiotie?«, fragte der Premierminister mit einem Grinsen im Gesicht.

»Da ist zum Beispiel mein Lieblingsgedicht«, meinte ich, »ein absoluter Geheimtipp für Staatsmänner wie dich. Es heißt ›Die Sache mit den Klößen‹ und fängt so an:

Der Peter war ein Renommist.
Ihr wisst vielleicht nicht, was das ist.
Ein Renommist, das ist ein Mann,
der viel verspricht und wenig kann.

Ich muss dir das mal aufschreiben, damit du es dir über den Schreibtisch hängen kannst«, fuhr ich fort. »Es erzählt ganz wunderbar die Geschichte dieses Peters – die Namensgleichheit ist natürlich rein zufällig –, der den Hals nicht voll genug bekommen konnte und behauptete, dreißig Klöße auf einen Sitz essen zu können.«

»Und«, wollte der Premierminister wissen, »kann er?«

»Was glaubst denn du? Natürlich nicht. Und euch würde ich raten: Schafft endlich eure viel zu kostspielige Motorradstaffel ab!«

In meinem hohen Alter muss man die Dinge beim Namen nennen. Es gab viel Ärgerliches in jenen Anfangsjahren, und das hatte damit zu tun, dass öffentliche Ämter eher als *kickback* für SWAPO-*fighters*, Vettern von Politikern und *comrades* vergeben wurden als nach tatsächlicher Eignung. Das war wie bei Fidel Castro, der seinen Revolutionsführer Che Guevara kurzerhand zum Zentralbankpräsidenten machte. Nur war Che als Mediziner klug genug, sich zumindest die Grundlagen der Funktionsweise einer Notenbank schnell anzueignen. Wären Sam Nujomas SWAPO-*comrades* und Vettern in der namibischen Vetternwirtschaft und der Auswahl ihrer Kader ähnlich schlau gewesen – uns wäre viel erspart geblieben.

Zu meiner Überraschung wurde ich eines Tages ins Wirtschaftsministerium als Berater eingeladen. Der Minister selbst hatte zweifelsohne große Erfahrung im Partisanenkampf, aber leider wenig Ahnung von Ökonomie. Unglücklicherweise musste ich im Laufe der Beratungen feststellen, dass auch dessen Staatssekretär zwar wie Che Guevara medizinische Diplome, zwar nicht aus Argentinien, aber von den Universitäten Tripolis/Libyen und Sanaa, Volksrepublik Jemen, und natürlich zusätzlich ein SWAPO-Parteibuch vorzuweisen hatte, aber seine Arbeitstage lieber im Kalahari Sands Hotel am Roulettetisch verbrachte als im Ministerium. Zudem betrachtete ich all jene »befreundeten Staaten« Namibias kritisch, die entweder die Vorsilbe »Demokratisch« oder »Volksrepublik« im Landesnamen trugen. Denn wer sich verteidigt, klagt sich an!

Aber wenn ich in meinem langen Leben und vor allem als weißer Ovambo in Afrika eines gelernt habe, dann ist es Geduld. Mir war klar, dass nach hundert Jahren Besatzung über Nacht keine funktionierende SWAPO-Administration auferstehen konnte wie ein Phönix aus der Asche. Wo sollte das qualifizierte Personal auch herkommen? Das war für mich kein Grund, enttäuscht zu sein. Vielmehr versuchte ich, die Lage realistisch einzuschätzen, und diskutierte mit dem Minister Wege in die Zukunft, statt über Vergangenes zu lamentieren. Ich finde, dies ist in Afrika der Schlüssel: Hoffnungen haben, keine Erwartungen, denn wer hofft, statt zu erwarten, der wird am Ende weniger enttäuscht. Es war schade, dass die weißen Farmer gar nicht merkten, wie viel besser es ihnen unter der neuen Regierung ging als den weißen Nachbarn in Zimbabwe oder im Kongo.

»Nun ja, mit Deutschland ist diese ganze Bananenrepublik doch gar nicht zu vergleichen«, tönte so mancher Stammtischexperte, der allerdings schon jahrelang nicht mehr in Deutschland gewesen war. Und wer nicht verstand, dass ein »Schwarzer« für Kritik durchaus offener war als ein »Neger« oder ein »Dunkelgrüner«, dem war nur schwer zu helfen. Ich finde, man muss nur mit Immanuel Kant »wagen, sich seines eigenen Verstandes zu bedienen«. Wer das tut, der kann sogar in einem Internierungslager frei sein, wie ich es selbst erproben konnte, und wer das nicht tut, für den wird selbst ein Paradies zur Hölle. Wer klug ist, das lernte ich von meiner Tante, der geht nicht so nah ran. Wer weise ist, tut zuweilen genau das Gegenteil. Und wer ganz nah ran geht, der macht mitunter Erfahrungen, die ein Leben erst so richtig lebenswert machen.

Epilog

Nur im Vorwärtsgehen gelangt man ans Ende der Reise.
Sprichwort der Ovambo

Dieses Buch ist das Ergebnis der vielen Gespräche zwischen einem jungen und einem alten Mann, die über dem Erzählen zu Freunden geworden sind.

Doch Peter ist für mich mehr als nur ein Freund: ein deutscher Afrikaner. Ein echter Wüstenprediger, aber wahrlich kein Prediger in der Wüste! Ein liebenswerter Mensch. Mangel an Liebe verspürte er heute gar nicht, sagt er, ganz im Gegenteil. Ständig geht seine schwarz-weiße Großfamilie in seiner viel zu kleinen Kirchenwohnung ein und aus, von den vielen afrikanischen und deutschen Besuchern ganz zu schweigen. Chronischen Mangel hat er an Geld, aber wenn er eines in seinem Leben gelernt hat, dann ist es die Tatsache, dass man sich damit noch am besten arrangieren kann.

»Was hast du noch vor?«, fragte ich den 95-Jährigen am Ende unserer vielen Unterredungen.

»Oh«, gab er zur Antwort, »eine ganze Menge. Das Wichtigste im Leben ist dies, mein Lieber: Es gibt Wirklichkeit, und es gibt Träume. Geht dir eines davon verloren, geht's schnell mit dir den Bach runter. Das Leben ist ein ständiges Pendeln zwischen beidem. Auch mit 95 Jahren musst du Träume haben. Und sie pflegen.

Was meine Träume sind? Ich bin dort in Elim das Oberhaupt der Ovambofamilie. Für meinen Ovambokraal in Elim muss ich noch den Wasser- und Stromanschluss besorgen. Und gemeinsam mit dem Distriktchef will ich unbedingt das erste Museum zur Geschichte des Ovambolandes bauen. *And last, but definitely not least*: Älter als Erastus Tshilongo möchte ich auch noch werden, so der liebe Gott und mein zäher Körper denn weiter so mitspielen.«

»Bis zu deinem 105. Geburtstag sind es noch zehn Jahre«, gebe ich zu bedenken. Peter lacht: »So hab ich ja noch genügend Zeit, endlich erwachsen zu werden.«

Und damit greift er seinen Stock, steht auf und macht sich auf den Weg. Als er in der Tür von »Woermann & Brock« steht, höre ich, wie ihn von draußen jemand begrüßt.

»Hallo Peter, wie geht es dir denn?«

»Danke, unverdient gut.«

Da wendet er sich noch mal um, der alte Wüstenprediger. Fasst mich ins Auge und hebt grüßend den Stock.

»Und Nils Ole«, ruft er durchs ganze Café, »denk immer daran: Geh nich so nah ran!«

Und dann lacht er schallend, der Peter Pauly, und geht hinaus in die flirrende, afrikanische Welt.

Als Quellen für dieses Buch dienten mir zahllose Gespräche, die ich mit Peter Pauly führen durfte, sowie dessen Tagebücher. Ich möchte Peter Pauly danken für die ausdrückliche Genehmigung zur Nutzung seiner Tagebücher, Bilder und seiner Erzählungen. So wird auch versucht, sich in diesem Buch der Sprache Peter Paulys anzugleichen.

Einen Einblick in sein Leben gewährt Peter Pauly auch in einem Kapitel des von Jürgen Leskien verfassten Buchs »Dunkler Schatten Waterberg. Afrikanische Nachtgespräche«, 2004 im Verlag Schwartzkopff Buchwerke erschienen.